I0499807

Johdanto: Miksi jotkut myyvät enemmän kuin toiset?

Oletko koskaan pohtinut, miksi jotkut myyvät enemmän kuin toiset? Miksi jotkut tiimit kasvattavat myyntiään sekä pääsevät tavoitteisiinsa ja toiset eivät?

Menestys ei juuri koskaan ole sattumaa, vaan sen takana on lähes aina systemaattista tekemistä: Lottovoittaja jättää todennäköisesti säännöllisesti loton kerran viikossa. Urheilukilpailun voittaja harjoittelee ja valmentautuu säännöllisesti jonkin ohjelman mukaan. Myynnissä menestyvä organisaatio tekee jotain enemmän, kohdennetummin ja laadukkaammin kuin heikommin menestyvä organisaatio.

Aika ajoin julkisuuteen pulpahtaa trendi, -ismi tai muoti joka kyseenalaistaa tai pyrkii jopa kokonaan kumoaa perinteisen määrään, suuntaan ja laatuun perustuvan tekemisen. Uusi oppi pyrkii kumoamaan aikaisemmin opitun ja vakuuttaa, että "tällä kertaa kaikki on toisin, myyntiä tai myyjiä ei enää tarvita, robotisaatio hoitaa kohta kaiken".

Uusissa opeissa on usein kuitenkin näkökantoja jotka kehittävät ja rikastuttavat monimutkaistuvaa myynnin maailmaa. Silti menestys ja tuloksellisuus perustuvat edelleen erinomaisesti sekä systemaattisesti toteutettuihin myynnin perusasioihin.

Mitä sitten on systemaattisuus? Hyviä käännöksiä voisi olla vaikkapa järjestelmällisyys, säännöllisyys, toistettavuus tai sovittu toimintatapa.

Kokemukseni mukaan yrityksen myynti on vain harvoin riittävän systemaattista. Vai pystytkö sinä kuvaamaan lyhyesti ja ymmärrettävästi oman yrityksesi myynnin systematiikan - tavan toimia?

Jos pystyt, vastaat suoralta kädeltä mm seuraaviin peruskysymyksiin:
- Kuinka montaa asiakasta myyjät tapasivat viime viikolla? Ketä he tapasivat? Mitä tapaamisissa puhuttiin, käsiteltiin tai sovittiin? Mitkä olivat tapaamisissa sovitut jatkotoimenpiteet?
- Milloin myyjät seuraavan kerran tapaavat asiakkaita? Ketä he tapaavat ja mitä he käsittelevät?
- Kuinka monta tapaamista myyjien tulee tehdä päivässä/ viikossa/kuukaudessa saavuttaakseen tavoitteensa?
- Miten myyjät esittelevät ja myyvät yrityksesi tuotteita sekä palveluita
- Tunnistaako myyjät asiakkaiden ongelmat ja osaavatko he ratkoa niitä?
- Osaako myyjät kehittää asiakkaidesi liiketoimintaa edelleen?
- Miten palkitset myyjiä loistavista suorituksista? Osaako myyjät selittää sinulle oman bonusmallinsa ymmärrettävästi?
- Miten myyntiä johdetaan yrityksessäsi?

Jos vastasit sujuvasti useimpiin edellä mainittuihin kysymyksiin, on yrityksen myynnin systemaattisuus hyvällä perustasolla. Kokemukseni mukaan monella yrityksellä on kuitenkin vaikeuksia aivan myynnin perusasioiden kanssa.

Tämä kirja on syntynyt kokemuksistani ja oivalluksistani myynnistä sekä johtamisesta yli kahdenkymmenen vuoden ajalta. Ajatuksiani ovat jalostaneet maailman parhaat myynnistä ja johtamisesta lukemani kirjat. Olen kirkastanut ajatuksiani lukuisissa esimies-, johtamis- sekä myyntivalmennuksissa. Mutta ennenkaikkea kirja on tulosta mielenkiintoisista keskusteluista ja väittelyistä muiden alan osaajien kanssa.

Tämä kirja on tarkoitettu niin myynnin korkeimmalla tasolla liihotteleville kotkille uskoa vahvistamaan, polulta eksyneille puurtajille kuin aloittaville mestareillekin. Tässä kirjassa pyrin kuvaamaan selkokielellä myynnin kokonaiskuvan ja miten voit rakentaa tuloksia tuovan myynnin systematiikan sekä millaista on kannustava myynnin johtaminen. Näin rakennat ja vahvistat yrityksesi myyntikulttuuria entisestään. Tämä edellyttää sinulta vain tahtoa.

Ota nyt kynä käteesi ja kirjoita kirjan loppuun omia oivalluksiasi sekä ajatuksiasi.

Espoossa elokuu 6. päivänä 2019,

Markku Leskinen

Kulttuuri: Salainen sopimus siitä, miten yrityksessä toimitaan

Myynti ei ole vain eräs toiminto yrityksessä, vaan sen ydin. Myynti on vuorovaikutusta asiakkaiden kanssa odotukset ylittävän asiakaskokemuksen aikaansaamiseksi. Myynti on yrityksen tärkein kanava yrityksen tuotteiden ja palveluiden tunnetuksi tekemisessä asiakkailleen.

Yritykseen ja sen ihmisiin vaikuttavat toimintaympäristön muutosvoimat (kilpailijat, teknologia, toimittajat ym) ja yrityksessä vallitseva kulttuuri.[1]

Ympäristön muutosvoimia ei voi hallita. Vain hyvin harva yritys maailmassa pystyy edes hieman vaikuttamaan toimintaympäristön muutosvoimiin. Yritysjohdon onkin elintärkeää oppia tunnistamaan ja tulkitsemaan ympäristön muutoksia, trendejä, teknologian kehitystä ja asiakkaiden mieltymyksiä sekä tekemään niistä oikeanlaisia johtopäätöksiä ja valintoja. Johdolle saattaa muodostua harha, että yrityksen liiketoiminta on lähes immuuni trendeille tai että yritys on trendien luoja. Tämä on vaikeaa, sillä vain harvoin trendejä luodaan, useimmin ne löydetään.

Perinteisen mallin mukaan yrityksen hallitus luo yrityksen strategian. Hallituksen tärkein tehtävä on valita oikea toimitusjohtaja toteuttamaan luotua strategiaa. Toimitusjohtaja puolestaan kokoaa ympärilleen tiimin, jonka uskoo auttavan häntä tavoitteiden saavuttamisessa sekä strategian toteuttamisessa.

---

[1] Markku Leskinen (2017)

Perinteinen ajattelu toimii yrityksissä, joissa on riittävän kyvykäs hallitus luomaan ymmärrettävän strategian. Tämä edellyttää hallitukselta viisautta ja paneutumista yrityksen toimintaympäristöön sekä sen muutosvoimiin. Sivutoimisesti toimiva "oto"-hallitus ei tähän kuitenkaan pysty.

Usein toimitusjohtaja luo strategian yhdessä johtoryhmänsä sekä hallituksen kanssa. Hallituksen tulee tällöin toimia toimitusjohtajan sparrauskaverina varmistaen ettei strategian "parasta ennen"-päivä ole mennyt ja että strategia ei varasta liian suurta roolia yrityksen arjessa, vaan ihmiset keskittyvät aktiiviseen tekemiseen liiallisen suunnittelun sijaan.

Strategian tärkein tehtävä on tunnistaa yrityksen aidot kilpailuetutekijät ja johtaa yritys liiketoiminta-alueelle jossa sillä on kilpailuetua muihin toimijoihin nähden.

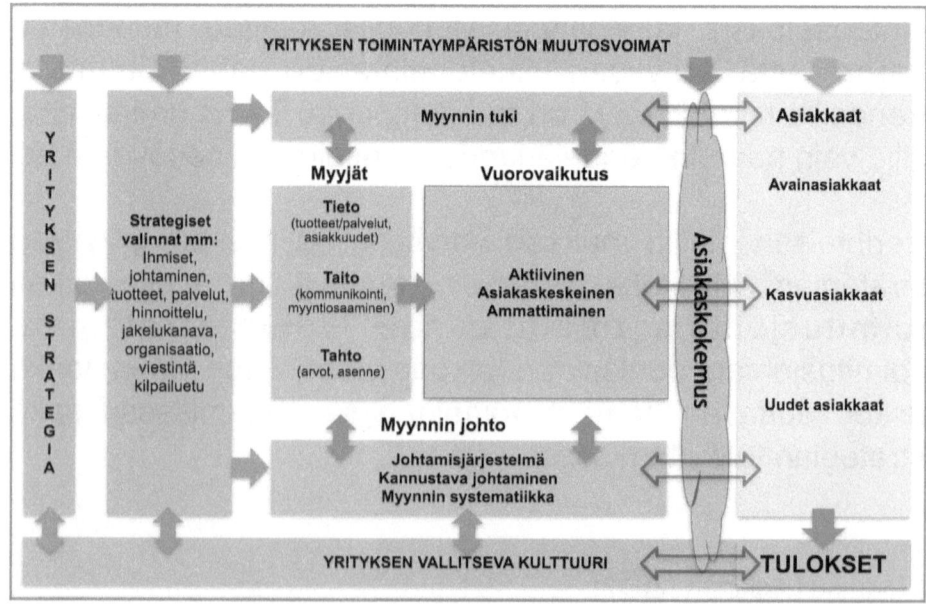

Tämän aikaansaamiseksi joutuu yrityksen johto tekemään valintoja mm. ihmisten, tuotannon, tuotteiden, palveluiden, organisaation, hinnoittelun, viestinnän ja jakelukanavien suhteen.

Yksi tärkeimmistä valinnoista on myynnin johdon valinta. Myynnin johto luo myynnin systematiikan, päättää myynnin johtamisen mallin, rakentaa toimivan johtamisjärjestelmän, nimittää, rekrytoi ja roolittaa oikeat ihmiset oikeisiin tehtäviin sekä varmistaa että yrityksen asiakaskokemus ylittää asiakkaiden odotukset.

Ulkoapäin yritykseen vaikuttavat ympäristön muutosvoimat. Yrityksessä työskentelevien ihmisten toimintaan eniten vaikuttaa yrityksessä vallitseva kulttuuri. Kulttuuri on yrityksessä vallitseva salainen, kirjoittamaton ja sosiaalisesti "hyväksytty" toimintatapa erilaisissa tilanteissa. Tätä salaista, yhdessä sovittua ja kirjoittamatonta toimintatapaa rakentaa tehokkaimmin yrityksen johdon (erityisesti toimitusjohtajan) oma tekeminen, arkipäiväinen viestintä ja läsnäolo ihmisten arjessa.

Yrityksessä työskentelevät ihmiset tekevät tiedostaen ja tiedostamattaan havaintoja sekä johtopäätöksiä johdon toiminnasta ja puheesta, sekä tulkitsevat niitä hyväksyttäväksi ja halutuksi tekemiseksi ajatuksissaan ja kahvipöytäkeskusteluissa tehokkaammin kuin mikään strategia-esitys yrityksen intranetissä.

Koska kulttuuri ohjaa yrityksen ihmisiä tehokkaammin kuin strategia tai suunnitelmat, on johdon kiinnitettävä erityistä huomiota siihen, kuinka se puhuu asiakkaistaan, kumppaneistaan ja yrityksen ihmisistä. Yrityksen vallitsevasta kulttuurista kertookin parhaiten se, kuinka ihmiset yrityksen sisällä puhuvat itsestään, toisistaan, asiakkaistaan ja kumppaneistaan toisilleen.

Myönteistä yrityskulttuuria luonnollisesti rakentaa se kun yrityksen johto omalla tekemisillään ja sanomisillaan rakentaa asiakaskeskeistä, innostavaa, avointa sekä ratkaisukeskeistä myynnin kulttuuria. Myyjiin luotetaan, heitä kannustetaan ja heille annetaan parhaat työvälineet käyttöönsä.

Myyntikulttuuria rapautetaan tehokkaasti, kun johto vähättelee asiakkaita, heiltä saatua palautetta tai muutoin ylenkatsoo asiakkaita. Myyntikulttuuria tehorapautetaan silloin, kun myyntiin kierrätetään henkilöitä, jotka eivät muualla yrityksessä tunnu pärjäävän. Tuolloin myynti nähdään usein esim tuotantokeskeisen yrityksen vähämerkityksisenä ja irrallisena osana, jonka olemassaolon ainoa peruste on liikuttaa eteenpäin oman tuotannon valmistamia tuotteita.

Tällaisessa kulttuurissa eivät viihdy huippumyyjät, eivätkä asiakkaat saa odotuksia ylittäviä asiakaskokemuksia. Tämän seurauksena myös yritystoiminnan tuloksellisuus laskee.

Asetetut tavoitteet ylitetään kun myynnillä on hyvät työkalut ja hyvät edellytykset tehdä huipputulosta, heitä kannustetaan sekä ohjataan huippusuorituksiin. Tästä seuraa ihmisten korkea omistautuminen työlle ja tällöin myös johto voi odottaa huipputuloksia - tekosyyt on eliminoitu pois.

Ketterä strategia muuttuvaan maailmaan

"Dream it, plan it, do it!"

Tutun sanonnan mukaan kulttuuri syö strategian aamupalaksi. Lounaaksi kulttuuri syö heikot toimintasuunnitelmat ja illalliseksi yrityksen politiikat sekä kryptiset toimintaohjeet.

Strategian tehtävä on siis ohjata yritys alueelle, jossa sillä on suhteellista kilpailuetua markkinassa toimiviin kilpailijoihin nähden. Porter (1980) tiivisti aikanaan yrityksen suhteellisen kilpailuedun kolmeen eri vaihtoehtoon:
1. Oman tarjonnan (tuotteiston) erilaistaminen kilpailijoista
2. Oman toiminnan kustannustehokkuus tekemisessä ja sitä kautta saatava hintakilpailuetu
3. Keskittyminen johonkin tiettyyn asiakas-segmenttiin

Moderni kilpailuetu-malli edellyttää menestyvän yrityksen olemista jollain seuraavista osa-alueista:
1. Yrityksellä on kustannustehokkuusetu muihin kilpailijoihin nähden. Tätä kautta se voi tuottaa tuotteet tai palvelut asiakkaalle edullisemmin kuin kilpailijat
2. Yrityksellä on teknologinen ylivertaisuus. Se tuo teknologisesti uusimmat ja parhaimmat tuotteet markkinoille ensimmäisenä
3. Yrityksellä on kilpailijoitaan parempi palvelukonsepti. Yritys ei tarjoa vain perustuotteita, vaan osaa auttaa asiakkaitaan laajemmin heidän tarpeissaan

Perinteinen strategia on laaja viitekehys, joka lähtee liikkeelle yrityksen nykytilan analyysistä suhteessa sen

9

toimintaympäristöön, asiakkaisiin, kilpailijoihin ja lopulta arvioi yrityksen nykytoimintatapaa ja kulttuuria sekä niiden toimivuutta.

Seuraavassa vaiheessa vedetään johtopäätökset nykytilasta ja luodaan yrityksen omat SWOT (Strenghts, Weanesses, Opportunities and Threats). Mahdollisuudet sekä uhat ovat yrityksen ulkopuolella ja vahvuudet sekä heikkouden ovat yrityksen sisäpuolella.

SWOT:n teon jälkeen on selkiytetään yrityksen tahtotila ja konkretisoidaan se ymmärrettäväksi visioksi. Visio tiivistetään hissipuheeksi niin, että kuka vain yrityksessä osaa kertoa sen 30 sekunnissa ymmärrettävästi tuntemattomalle.

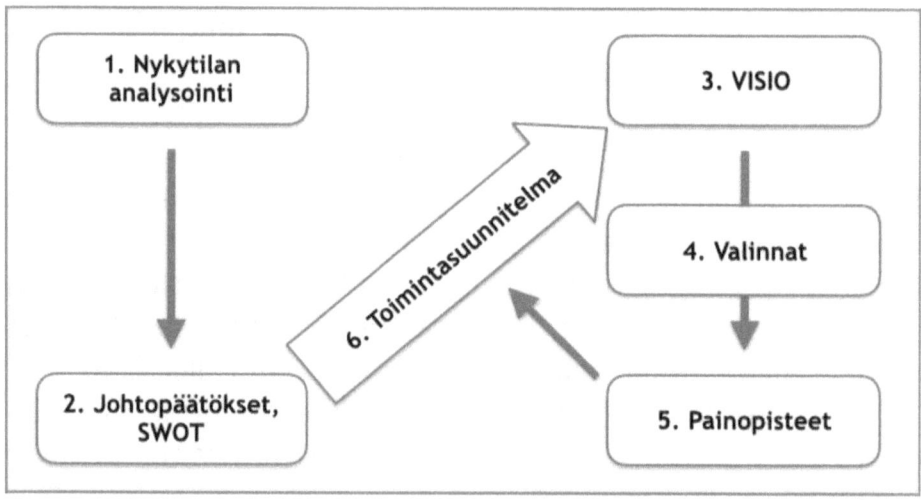

Tämän jälkeen tehdään joukko valintoja; mitä aloitetaan, lopetetaan, miten organisoidutaan, kenelle myydään jne. Lopuksi valinnat kootaan toimintasuunnitelmaksi, joka johtaa kohti tavoitetta.

Perinteinen strategia-malli sopii parhaiten yrityksille, joissa on henkilö(itä) keskittymässä strategiaan tai yrityksiin joissa toimitusjohtaja (tai hallitus) on riittävän kyvykäs luomaan ja johtamaan strategiaa.

Perinteinen strategian luonti ja ylläpito on liian raskas prosessi monelle yritykselle. Parhaassakin tapauksessa prosessiin kuluu aikaa viikkoja, usein oman kiireisen arjen ohella. Osa johtoryhmän jäsenistä saattaa olla liian suoraviivaisia ja hätäisiä keskittymään sinänsä tärkeän perustan rakentamiseen. Osa saattaa kokea perinteisen mallin olevan liian kankea ja osa ei kykene käsitteelliseen työskentelyyn. Tuloksena on sekavia ja riitaisia strategiatapaamisia, jotka eivät kehitä toimintaa.

Oli strategia mikä vain, on riski että strategia jää yrityksen ihmisille etäiseksi, vaikeaselkoiseksi tai liian teoreettiseksi. Maailma muuttuu nyt nopeammin kuin aikana, jolloin perinteinen strategia-viitekehys luotiin. Nopeasti muuttuvaan maailmaan tarvitaan joustavampi ja kevyempi malli.

Pieni yritys ei tarvitse strategiaa.[2] Pieni yritys tarvitsee osaamista, tuotteita tai palveluita, joista asiakkaat ovat valmiita sille maksamaan.

Kun osaaminen, tuote tai palvelu on selvillä, tarvitaan aktiivisuutta ja oveluutta kertoa siitä asiakkaille. Kikat, taikatemput ja ihmeet kannattaa unohtaa ja keskittyä kontaktoimaan tulevia asiakkaita laajalla rintamalla: www-sivuilla, sosiaalisessa mediassa, e-maileilla, messuilla,

---

2 Jari Sarasvuo (2016)

tapahtumissa, seminaareissa, kick-offeissa, työpajoissa. Työläin ja tehokkain keino päästä esittelemään omaa erinomaisuuttaan asiakkaille on kontaktoida heitä ja sopia tapaamisia, josta lisää myöhemmin.

Jossain vaiheessa yritys saa ensimmäiset asiakkaansa ja alkaa saamaan heiltä tulovirtaa. Vaikein on nyt takana. Tämän jälkeen tulee keskittyä palvelemaan saatuja asiakkaita ylivoimaisella laadulla ja innolla, sekä etsiä uusia asiakkaita. Tärkeää on varmistaa asiakkuuksien pysyvyys ja kasvu.

Kun toiminta on saatu vauhtiin, alkaa usein kiihtyvän kasvun vaihe. Vieläkään ei ole tarvetta keskittyä strategiaan, nyt tarvitaan organisoitumista, roolitusta sekä työnjakoa. On mietittävä miten tekeminen kannattaa roolittaa ja johtaa, jotta laadukasta tekemistä voidaan tuottaa tehokkaasti, asiakasmäärää voidaan kasvattaa ja miten asiakkaita voidaan palvella kilpailijoita paremmin. Usein yrityksen osaaminen, tuote ja asiakastarve selkiytyy edelleen tekemisen, asiakastapaamisten ja toimeksiantojen perusteella.

Strategian tarve alkaa korostumaan kun yrityksen oma toimintaympäristö alkaa käymään liian pieneksi ja saadaan katsoa maailmaa hieman korkeammalta ja laajemmin.

Strategian tehtävä on siis johdattaa yritys alueelle, jossa sillä siis on suhteellista kilpailuetua muihin markkinassa toimiviin kilpailijoihinsa nähden. Strategia on ennenkaikkea valintojen tekoa. Valintoja siitä, mihin keskitytään ja myös siitä, mihin ei keskitytä (nyt). Resurssit kohdistetaan valittuihin tekemisen painopisteisiin, jotka vievät yritystä alueella, jossa on vähemmän kilpailua ja jossa yritys menestyy suhteellisesti paremmin kuin kilpailijansa.

Yksi malli on kirjoittaa yrityksen visio selkokielellä ja sen jälkeen miettiä 3-5 tekemisen avainpainopistealuetta, joihin ensisijaisesti keskittymällä yritys etenee kohti visiotaan.

Vision merkitys henkilöstölle, johdolle ja omistajille on suuri. Visio on lyhyt, innostava ja ihmiset mukaan matkalle tempaava kuvaus tukevaisuudesta, kun asiat ovat siinä tilassa kun asiat menevät kuin pitää. Visio on myös voima, joka antaa suuntaa tekemiselle, uskoa vaikeuksien keskellä ja ohjaa kohdentamaan resursseja oikeisiin asioihin. Visio antaa voimaa ja uskoa herätä aamulla töihin ja viedä yritystä eteenpäin.

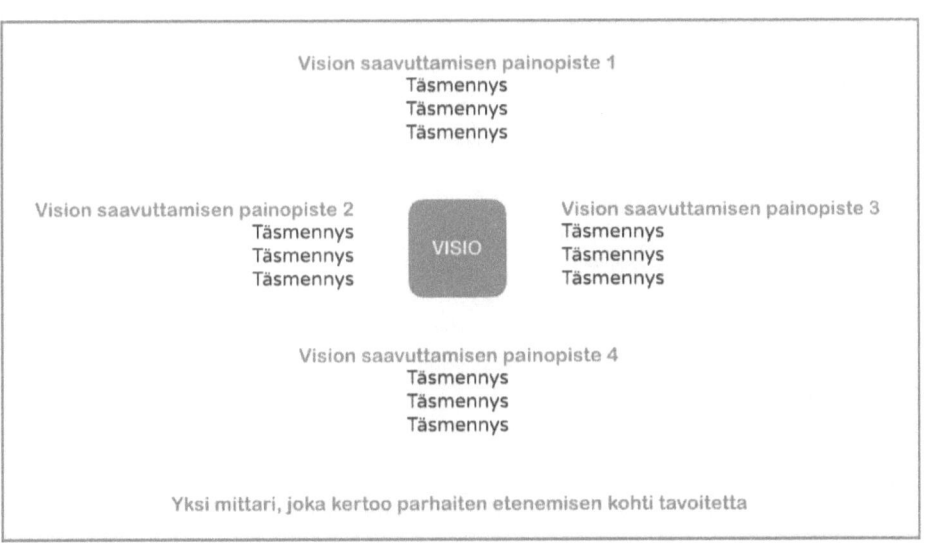

Vision miettimiseen ja selkokielistämiseen kannattaa käyttää aikaa. Myös menestyksen mittarin miettimiseen tulee käyttää aikaa. Jim Collins kirjassaan "Hyvästä Paras"

löysi menestyville yrityksille lukuisia yhteisiä tekijöitä, ja yksi merkittävimpiä on yksinkertainen mittari, joka parhaiten kuvaa tekemisen menestyksellisyyttä. Kuvaavaa on että tuon mittarin löytymiseen saattaa mennä aikaa vuosiakin.

Asiakkaat tekemisen keskiöön

Kuten todettu, strategian yksi tavoite on johdattaa yritys alueelle, jolla sille on suhteellista kilpailuetua kilpailijoihinsa nähden. Toinen tavoite on syventää asiakkuuksia, ylittää asiakkaan odotukset ja synnyttää kanta-asiakkuuksia yrityksen tuotteille ja palveluille. Asiakkuuden tasoja on viisi:

1. Kokeilija
2. Asiakas
3. Kanta-asiakas
4. Sanansaattaja
5. Fani

Kokeilija saattaa testata yrityksen tuotteita tai palvelua kerran. Mikäli hän on tyytyväinen, saattaa hän siirtyä **asiakkaaksi**, eli ostaa toistamiseen yrityksen tuotteita ja palveluita.

Nykyiset asiakkaat ovat yrityksen tärkeimpiä asiakkaita. He ovat yrityksen tuotteiden ja palveluiden käyttäjiä tänään. He tuovat eniten myynti- ja kate-euroja. Nykyisten asiakkaiden omat tavoitteet, tekeminen sekä ihmiset tunnetaan parhaiden ja he osaavatkin parhaiten vaatia yritystä kehittämään omaa toimintaansa.

Nykyisten asiakkaiden kanssa toimiminen on usein suoraviivaista, helppoa ja mukavaa. Myyjät tapaavat eniten ja mieluiten nykyisiä asiakkaita, joiden kanssa järjestetään tapahtumia sekä aktiviteetteja.

Uhka mukavuusalueelle jämähtämiselle on suuri: tärkeän asiakkaan tarpeita, ajatuksia sekä toiveita saatetaan alkaa ylenkatsomaan. Myyjien aktiivisuus laskee ja asiakkaan luottamus alkaa rakoilemaan.

Asiakas tunnistaa helposti myyjän madaltuneen palveluhalun ja herkistyy vaihtoehtojen etsimiselle. Tähän saumaan iskevät yrityksen kilpailijat. He aktivoituvat entisestään, esittelevät omia palveluitaan ja haastavat asiakkaan kokeilemaan.

Yrityksen myyjät eivät tätä usein huomaa, sillä asiakas saattaa ostaa vielä yrityksen tuotteita ja palveluita. Ostot sekä vuorovaikutus asiakkaan kanssa alkaa hiipumaan ja saattaa loppua ennen pitkää kokonaan.

On oleellista huomata, että asiakas ei sitoudu yrityksen tarjontaan, vaan pitää vaihtoehdot avoimina tarkastellen markkinaa jatkuvasti. Asiakas tapaa kilpailevia toimittajia, vertaa tuotteita, hintoja ja laatua.

Asiakkaiden luottamuksen voittamiseen voi mennä kuukausia, mutta luottamus voidaan menettää hetkessä. Kylmenneet asiakkaat eivät ole ostaneet yrityksen tuotteita tai palveluita esim 12 kuukauteen, tai ovat siirtyneet lähes kokonaan toisten yritysten asiakkaiksi.

Mielenkiintoista on, että usein lähtenyt asiakas oli perustyytyväinen yrityksen aktiivisuuteen, tuotteisiin ja palveluihin, mutta vaihtoi koska kilpailija pystyi esittämään uutta tai erityistä lisäarvoa tavalla, jota nykyinenkin toimija olisi kyennyt tarjoamaan. Myyjät vain eivät älynneet tai osanneet kertoa tarinaansa oikein.

He siirtyivät kilpailijan asiakkaiksi hinnan, palvelun, henkilökemian, laiskuuden, vuorovaikutuksen vähenemisen, itsestäänselvyytenä pitämisen tms seurauksena.

Kylmenneiden asiakkaiden houkutteleminen takaisin vaatii usein enemmän kuin nykyisten asiakkaiden tyytyväisenä pitäminen tai uusien asiakkaiden luottamuksen voittaminen.

Lähteneiltä asiakkailta tulee selvittää, miksi he lähtivät kilpailijan asiakkaiksi. Kerrotut syyt vain harvoin ovat todellisia syitä, sillä suurimmat syyt kilpailijalle lähtemiseen ovat useimmiten yrityksen myyjien vähäinen aktiivisuus ja kilpailevan myyjän ammattimaisempi tapa toimia. Kilpailijan myyjät halusivat asiakasta enemmän kuin yrityksen myyjät.

Aktiivisuuskaan ei enää riitä, jos kilpailija pystyy esittämään sekä tuottamaan asiakkaalle sellaista lisäarvoa, jota yrityksen myyjät eivät osanneet. Kyky tuottaa asiakkaalle lisäarvoa sekä kehittää asiakkaan omaa liiketoimintaa, on modernin myynnin ydin. Ei riitä, että yritys toimittaa asiakkaille tuotteita ja palveluita joita asiakas tarvitsee. Tavoite on ensisijaisesti ratkoa asiakkaan ongelmia ja lopulta kehittää asiakkaan omaa liiketoimintaa.

Kylmenneitä asiakkaita on lähestyttävä riittävän nöyrin mielin ja nöyrällä haastamisella kokeilemaan uudestaan yrityksen tuotteita sekä palveluita. Helppoa se ei tule olemaan, sillä on jo hyvin mahdollista että asiakas on toisen yrityksen kanta-asiakas, sanansaattaja tai peräti fani.

Kun asiakas kokee saavansa erinomaista palvelua (ja laadukkaita tuotteita) voi suhde kehittyä **kanta-**

asiakkuudeksi. Tämä tarkoittaa sitä, että asiakas kysyy toimintaansa kehittäviä näkemyksiä ensin luotetulta toimittajaltaan ja vasta sitten muilta. Ikkuna on auki asiakas-suhteen edelleen syventämiselle.

Sanansaattaja kehuu omissa yhteyksissään sinua sekä yritystäsi ja saattaa suostua toimimaan referenssinä halutessasi. Sanansaattaja-tasoa on vaikea saavuttaa, mutta sen on oltava yrityksen tavoite. Lähes kaikki yrityksen markkinoivat itseään edullisena, tehokkaana, laadukkaana, markkinoiden johtavana joten yrityksen oma markkinointiviestintä ei erilaista sitä kilpailijoistaan. Se mitä yritys itse viestii itsestään ei ole niin oleellista kuin se se, mitä yrityksen asiakkaat viestivät yrityksestä toisilleen.

Fanius on asiakassuhteen korkein muoto. Fani ei miellä suhdetta ensisijaisesti järjellä, vaan tunteella. Voimassa on syvällinen, tunneperäinen suhde, jota molemmat osapuolet kunnioittavat ja vaalivat. Fanius on syntynyt mahdollisesti pitkän ajan kuluessa, eikä kumpikaan osapuoli halua riskeeraa suhdetta. Fanius saattaa liittyä esim yrityksen myyjään, johtoon, tarinaan, tuotteisiin tai kulttuuriin.

Yritys joka pystyy luomaan kokeilijoita, asiakkaita, kanta-asiakkaita, sanansaattajia ja lopulta jopa faneja kasvaa. Yrityksen resurssit, roolit ja toimintaympäristö alkavat asettaa selkeitä kasvun rajoja, on syvällisemmän strategian aika.

Suuri joukko asiakkaista ei vielä tunne sinua tai yritystäsi

Edelliset tasot kuvaavat asiakkaiden eri tasoja. Markkinassa on todennäköisesti runsaasti asiakkaita, jotka eivät tunne yrityksesi tarjontaa kenties ollenkaan.

Kaikki myyntiyksiköt kontaktoivat lähtökohtaisesti liian vähän tai satunnaisesti uusia mahdollisia asiakkaita. Uusien asiakkaiden systemaattinen kontaktointi, tapaaminen ja haastaminen kokeilemaan yrityksen tuotteita/palveluita on myynnin yksi tärkeimmistä tehtävistä. Uusien asiakkaiden liehittely on aikaa vievää puuhaa, ja palkkio kovasta työstä tulee joskus vasta pitkänkin ajan kuluttua.

Myyntijohdon tulee organisoida systemaattinen uusasiakashankinta huolellisesti. Toteuttamismahdollisuuksia on muutamia: kokemukseni mukaan paras keino on se, kun jokaisen myyjän viikottaisiin tehtäviin kuuluu uusien asiakkaiden kontaktointia ja tapaamisia. Näin jokaisella myyjällä pysyy sopivasti tuntuma yllä, miten haastavaa uuden asiakkaan voittsminen on. Näin myöskään myyjä ei uraudu liikaa, vaan saa koko ajan ylläpitää ja kehittää vuorovaikutustaitojaan sekä osaamistaan.

Toinen käytetty keino on roolittaa osa tiimin myyjistä kontaktoimaan uusia asiakkaita. Myyjät voivat luontaisesti nauttia uusien yritysten kontaktoinnista (farner/hunter-malli) ja asiakassuhteen käynnistämisestä.

Yritys voi myös roolittaa yritykseen palkatut uudet myyjät voittamaan uusia asiakkuuksia yritykselle. Näin uusia myyjiä rekrytoitaessa heille ei annetakaan jo olemassa olevia asiakkaita, vaan heidän tehtävä on kasvattaa kakkua, ennemminkin kuin viipaloida sitä pienempiin osiin.

Uuden asiakkaan houkuttelussa voi myyjä käyttää referenssinä yrityksen nykyisiä tyytyväisiä asiakkaita, mutta vain silloin kun asiakkaat aidosti voivat suositella yritystä, sen tuotteita, palveluita ja ihmisiä. Kuten todettu, tärkeintä on se, mitä yrityksen asiakkaat puhuvat yrityksestä toisilleen, ei se mitä yritys puhuu itsestään asiakkailleen.

Uusien asiakkaiden tapaamisissa pitää kiinnittää erityistä huomiota asiakkaan tarpeiden syvälliseen ymmärtämiseen. Asiakkaalle on kokemuksia yrityksen kilpailijoista, mutta pinnan alla saattaa piillä tyytymättömyyttä, tarpeita ja toiveita joita nykyinen toimittaja ei pysty tai halua lunastaa.

Tässä piilee yrityksen suuri mahdollisuus. Nyt tarvitaan todisteita joustavuudesta, tuotetusta lisäarvosta ja asiakkaan todellisen ongelman ymmärtämisestä. Mutta ennen kuin huippumyyjä pääsee esittämään ratkaisun asiakkaan ongelmiin, tulee asiakkaan ongelman ja tahtotilan olla kristallin kirkkaana tiedossa. Ratkaisua ei ole ennen ongelman tiedostamista.

Tyypillinen yritysesittely uudelle asiakkaalle noudattaa yrityksen normaalia yritysesittely-kaavaa. Esitys alkaa yrityksen arvoista, missiosta ja strategiasta. Niitä seuraa usein liikevaihdon, -voiton ja henkilöstön määrän kehitys vuosien varrella. Seuraavana saattaa olla jotain omistuksesta, työntekijöistä ja johdosta. Seuraavaksi usein sekavan näköinen organisaatio-kuva, yrityksen tuote- ja liiketoiminta-kuvaus. Seuraavaksi kenties yrityksen historian läpikäynti nykypäivään ja lopuksi yrityksen asiakkaiden logo-viidakko.

Jos oman yrityksesi uusasiakasesitys noudattaa em mallia, on sinulla tehtävä edessäsi. Nykyinen esitys ei mahdollisesti herätä uudessa asiakkaassa mielenkiintoa, luottamusta tai yhtään aitoa syytä vaihtaa nykyistä toimittajaa.

Yritysesittely uudelle asiakkaalle tulee olla erilainen. Se alkaa toteamalla että[3] "olemme toimineet jo vuosien ajan kaltaistenne yritysten kanssa ja huomanneet markkinassa ilmiöt A, B ja C. Olemme lisäksi tunnistaneet yhdessä asiakkaidemme kanssa seuraavat alan haasteet D, E ja F, joihin olemme löytäneet ratkaisut, jotka ovat parantaneet mm asiakkaidemme myyntiä, kannattavuutta ja toiminnan tuloksellisuutta ja tehokkuutta".

Tämän jälkeen tulee asiakkaalle vyöryttää todistusaineistoa, faktoja ja caseja tukemaan esitettyjä väitteitä. Asiakas sitoutetaan esitykseen pyytämällä kommentoimaan väitteitä ja erityisesti sitä, onko asiakas itse havainnut vastaavia ilmiöitä tai haasteita.

Sanomattakin on selvää että esitetyt ilmiöt ja alan haasteet tulee olla todellisia, asiakkaankin tunnistamia ilmiöitä todellisuudesta. Tunnistettuja haasteita mielenkiintoisempaa on yrityksen löytämät ratkaisut ja saavutetut hyödyt.

---

[3] The Challenger Sale: Taking control of the customer conversations

Kun yritysesittely onnistuu uudelle asiakkaalle, herätät mielenkiinnon ja mahdollisesti onnistut haastamaan asiakkaan kokeilemaan yrityksesi tuotteita ja palveluita. Jos asiakkaan kommentit ovat aluksi epäuskoisia tai peräti torjuvia ("ei voi olla totta, kerro lisää". "Mitä muuta en tiedä". "Pitääkö paikkansa") olet herättänyt ja aktivoinut asiakkaan ajattelemaan. Tavoite on tuoda uusia näkemyksiä olematta riitaisa.

Yrityksen tulee koostaa myyjilleen edellisen mallin mukainen, lyhyt, innostava ja vaikuttava esitys erityisesti uusille asiakkaille. Myyjien tulee harjoitella sen esittämistä uskottavasti ja vakuuttavasti. Näin meneteltynä yrityksen onnistumisen mahdollisuus saada uusi asiakas paranee merkittävästi.

Digikanavat avuksi asiakaskokemuksen rakentamisessa

Digikanava haastaa tehokkaasti perinteistä, ihmisten välisiin vuorovaikutustilanteisiin rakentuvaa asiakaskokemusta. Kärjistäen voi todeta, että kun yritys menettää kykynsä rakentaa ja ylläpitää innostavia asiakaskohtaamisia, vahvistaa se digikanavan roolia entisestään sekä kiihdyttää entisestään yrityksen toimintaympäristön muutosta.

Vuorovaikutuskanavia ja -mahdollisuuksia yrityksen ja sen asiakkaiden välillä on tapaamisten lisäksi runsaasti; netti, Linked In, Twitter, Facebook, verkkokauppa, yrityksen muut asiakkaat ja toimittajat omissa kanavissaan. Monen yrityksen asiakaskokemus on asiakkaiden mielestä erinomainen, vaikka asiakas ei ole koskaan tavannut yhtään yrityksen ihmistä (mm verkkokaupat).

Kyseessä ei kuitenkaan ole taistelu tuulimyllyä vastaan tai jo hävitty taistelu. Digikanava on parhaimmillaan vahvasti mukana rakentamassa ja ylläpitämässä positiivista asiakaskokemusta. Digikanava tarjoaa runsaasti mahdollisuuksia mm. valmistella asiakasta asiakaskohtaamiseen, tiedottaa ja esitellä tarjontaa sekä osallistaa asiakas yhteiseen ongelman ratkaisuun.

Kohdista resurssit ja tekeminen oikeisiin asiakkaisiin

Ilman asiakkaita ei siis yritystäkään ole olemassa. Asiakkailta tulevalla rahalla yritys rahoittaa toimintaansa sekä kehittää tuotteitaan ja palveluitaan.

Asiakkaiden ryhmittelyn (segmentoinnin) tehtävä on tunnistaa ne asiakkaat, joihin myyjien ja yrityksen tulee kohdistaa resurssinsa. Ryhmittely myös auttaa ja ohjaa myyjiä lähestymään oikeita asiakkaita oikealla viestillä.

Segmentoinnin vaiheet ovat:
1. Markkinassa toimivien asiakkaiden kartoittaminen
2. Asiakkaiden ryhmittely (määräävinä tekijöinä asiakkaan ostopotentiaali yrityksen tarjoamille tuotteille/palveluille sekä yrityksen myynti ko asiakkaille)
3. Asiakastapaamisten ja tavoitteiden allokointi

Segmentoinnin lopputuloksena on myyjiä ja heidän ajankäyttöään ohjaava sekä auttava malli.

Asiakkaiden kartoittaminen tarkoittaa markkinassa toimivien asiakkaiden (nykyiset ja uudet) listaamista. Tarkoitus on tunnistaa asiakkaita, jotka voisivat ostaa yrityksen tuotteita tai jotka jo niitä ostavat. Markkinoilla toimii yrityksiä jotka myyvät yritystietoja ja asiakasdataa. Yksi hyvä vaihtoehto on ostaa asiakaslistaus valmiina ja lähteä työstämään sitä.

Asiakkaiden ryhmittely on segmentoinnin oleellisin vaihe. Siinä asiakkaat käydään läpi kahta muuttujaa vasten: 1) asiakkaan aikaisemmat ostot ja 2) arvio asiakkaan kokonaisuudessaan käyttämästä rahamäärästä siihen tuote-/palvelutarjontaan, jota yritys edustaa (asiakkaan ostopotentiaali).

Asiakkaan ostopotentiaalin arviointiin ei tule käyttää liikaa aikaa, usein asiantunteva-, valistunut arvaus riittää, sillä potentiaaleja päivitetään jatkossakin. Yrityksen osuus asiakkaan ostopotentiaalista kertoo yrityksen markkinaosuuden arvioidusta asiakkaan kokonaisostopotentiaalista.

Seuraava esimerkki kertoo, että yrityksellä on 19% markkinaosuus suurimman ostajan ostoista. Markkinan toiseksi suurimman asiakkaan kanssa yrityksellä ei ole liiketoimintaa ollenkaan. Selvää on, että näitä asiakkaita tulee lähestyä toisistaan poikkeavilla viesteillä.

Asiakas (15 kpl)	Edellisen tilikauden ostot (2017)	Asiakkaan ostopotentia ali 2017 (arvio)	Osuutemme (2017)
Asiakas	€65.016	€350.000	19 %
Asiakas	€0	€300.000	0 %
Asiakas	€45.986	€200.000	23 %
Asiakas	€29.054	€150.000	19 %
Asiakas	€0	€150.000	0 %
Asiakas	€53.767	€100.000	54 %
Asiakas	€15.543	€75.000	21 %
Asiakas	€1.298	€75.000	2 %
Asiakas	€0	€75.000	0 %
Asiakas	€23.567	€50.000	47 %
Asiakas	€5.111	€50.000	10 %
Asiakas	€3.522	€35.000	10 %
Asiakas	€0	€30.000	0 %
Asiakas	€9.543	€20.000	48 %
Asiakas	€0	€20.000	0 %

Kokonaisuuden hahmottamista auttaa, kun vie asiakkaat yksinkertaiseen matriisiin. Pystyakselilla on asiakkaan ostopotentiaali ja vaaka-akselilla asiakkaan nykymarkkinaosuus. Asiakasryhmät voidaan nimetä esim niin, että yli 40% markkinaosuuden asiakkaat ovat avainasiakkaita ja alle 40% osuuden asiakkaat ovat kasvuasiakkaita. Markkinaosuus-asteikko tulee luonnollisesti muodostaa realistisesta ja olemassaolevasta datasta.

Asiakkaiden lukumäärä	Avainasiak- kaat, osuutemme yli 40% (kpl)	Kasvuasiak- kaat, osuutemme 1-40% (kpl)	Uudet asiakkaat, osuutemme alle 1% (kpl)	Yhteensä asiakkaita (kpl)
Ostopotenti aali yli 100 000€ = Korkea	1	3	2	6
Ostopotenti aali 50-99 999€ = Keski	1	3	1	5
Ostopotenti aali alle 50 000€ = matala	1	1	2	4
Asiakkaita yht (lkm)	3	7	5	15

Matriisi on hyvä tapa hahmottaa laaja kokonaisuus. Se ei tuota menestyksen manuaalia, mutta se auttaa hahmottamaan mahdollisesti laajastakin asiakaskunnasta selkeitä alaryhmiä ja auttaa siten muotoilemaan asiakkaille oikeat viestit ja kohdentamaan tekeminen oikeisiin asiakkaisiin.

Kasvua hakeva yritys voi keskittää resurssejaan uusiin ja kasvuasiakkaisiin, kun taas toimialan yleiseen kasvuun tyytyvä yritys voi keskittyä enemmän avain- ja kasvuasiakkaisiin.

Kilpailijoiden menestystekijöiden selvittäminen auttaa myyntijohtoa muotoilemaan oman viestinsä asiakkaille houkuttelevaksi ja erilaistavaksi. Kuten mainittu, asiakas on jo jonkin yrityksen avainasiakas ja kynnys toimittajan vaihtamiseksi on usein korkea.

Kasvu- ja uusia asiakkaita (yrityksen kilpailijoiden avainasiakkaita) lähestytään toisenlaisella viestillä kuin korkean osuuden avainasiakkaita. Tavoite on saada uusi asiakas vaikka aluksi kokeilemaan yrityksen tarjoomaa. Uuden asiakkaan tulee saada merkittävä syy vaihtaa toimittajaa. Aina syyn ei tarvitse olla hinta, vaan se voi olla muukin: esim uusi teknologia, laajempi palvelutarjonta tai kilpailijoita parempi ja todistettu ratkaisu.

Aktiivisuus valittujen asiakkaiden hoidossa on menestyksen edellytys

Yrityksen myyjien viettämä laatuaika valittujen asiakkaiden kanssa korreloi suoraan yrityksen kaupalliseen menestymiseen. Yksinkertaisin ja selkein mittari yhteiselle laatuajalle on asiakastapaamisten lukumäärä.

Tapaaminen on ennakkoon sovittu, kalenteroitu ja agendallinen tapaaminen asiakkaan kanssa. Tapaaminen voi myös olla ennakkoon sovittu puhelin- tai videoneuvottelu-tapaaminen. Silti henkilökohtainen tapaaminen on aina paras.

Tapaamistavoitteiden laskeminen on hyvin yksinkertainen toimenpide. Muuttujina ovat vuoden arkipäivät, työntekijän lomat, yrityksen sisäiset koulutukset, kokoukset sekä muut myyjiä asiakkaiden luota poispitävät päivät. Yksinkertaisen laskutoimituksen jälkeen saadaan se määrä päiviä joka myyjän tulee tavata asiakkaita. Esimerkkimme myyjällä on 196 päivää aikaa tavata asiakkaita vuonna 2018.

Arkipäiviä 2018	251
Myyjän kesäloma 2018	-20
Myyjän talviloma 2018	-5
Myyjän työpäiviä 2018	**226**
Sisäisiä koulutuksia, kokouksia ym 2018	-30
Myyjän asiakastapaamispäiviä 2018	**196**

Tämän jälkeen myyntijohtaja käy yhdessä myyjän kanssa hänen henkilökohtaisen tapaamismäärä-tavoitteen vuodelle. Nyt muuttujina ovat matka-aika, valmistautuminen, tapaaminen ja tapaamisen jälkitoimet. On hyvä huomata, että ns toimisto-aika sisältyy laskelmaan mm valmistautuminen- ja jälkitoimet kohdassa.

Eri maantieteellisillä alueilla ja eri rooleissa toimiville henkilöille tulee olla luonnollisesti erilaiset tapaamistavoitteet, kuten esimerkkimme havainnollistaa. Myös myyjän roolilla ja osaamiselle on merkitys. Kokeneempi, yrityksen systeemejä osaava henkilö on tehokkaampi esim raportoinnissa ja tarjousten teossa, kuin uusi tulokas.

	Matka-aika, ka (h)	Valmista-u-tuminen , ka (h)	Tapaami-nen (h)	Raportoi n-ti, jälki-toimet, tarjous ym (h)	Aika, yht (h)	Käytettä vissä oleva aika asiakas-tapaami -siin päivissä	Tavoite asiakas-tapaami -sille (kpl/ vuosi)
Myyjä 1 - Pena, PKS	0,50	1,50	1,00	2,00	5,00	196	314
Myyjä 2 - Sirpa, itä	2	1,00	2,00	1,50	6,50	196	241
Myyjä 3 - Ossi, PKS	1,00	1,00	1,00	1,00	4,00	196	392
Myyjä 4 - Teemu, länsi	3,00	1,00	2,00	1,00	7,00	196	224
YHT						784	1 171

Viimeisessä vaiheessa myyjä ja myyntijohtaja käyvät myyjän asiakkaat läpi. Asettavat alkaneen vuoden tavoitteen ja allokoivat riittävän määrän asiakaskäyntejä ko asiakkaalle.

Asiakas (15 kpl)	Edellisen tilikauden ostot (2017)	Asiakkaan ostopotentiaali 2017 (arvio)	Osuutemme (2017)	Tavoite 2018	Tapaamisia 2018
Asiakas	€65.016	€350.000	19 %	€80.000	24
Asiakas	€53.767	€100.000	54 %	€65.000	20
Asiakas	€45.986	€200.000	23 %	€50.000	20
Asiakas	€29.054	€150.000	19 %	€35.000	18
Asiakas	€23.567	€50.000	47 %	€25.000	15
Asiakas	€15.543	€75.000	21 %	€20.000	8
Asiakas	€9.543	€20.000	48 %	€15.000	4
Asiakas	€5.111	€50.000	10 %	€10.000	5
Asiakas	€0	€300.000	0 %	€5.000	10
Asiakas	€0	€150.000	0 %	€5.000	10
Asiakas	€0	€150.000	0 %	€5.000	8
Asiakas	€1.298	€75.000	2 %	€5.000	6
Asiakas	€0	€75.000	0 %	€5.000	6
Asiakas	€3.522	€35.000	10 %	€5.000	5
Asiakas	€0	€20.000	0 %	€5.000	4
Yhteensä					163

On tärkeä huomata, että asiakastapaamiset eivät ole tavoite sinänsä. Tavoite on menestyä yhdessä asiakkaan kanssa ja tapaamiset ohjaavat myyjää keskittymään asiakkaisiin joiden kanssa menestys saavutetaan. Myyjän ja asiakkaan välinen vuorovaikutus lopulta sanelee sen, millaiseksi yhteistyö ja molemminpuolinen yhteistyö muodostuu.

Usein myyjien kuulee sanovan, että asiakkaita ei kannata tavata liikaa, koska heillä ei ole mitään "uutta sanottavaa asiakkaille". Kun segmentointi on tehty, sovitaan mitä viestejä asiakkaille viedään minäkin ajankohtana.

Tässä auttaa yrityksen myynnin tuki; markkinointi, tuotehallinto, logistiikka tai muu yrityksen yksikkö, joka koostaa yritykselle yhteisen aktiviteeti-kalenterin.

Aktiviteettikalenteriin on selkeästi aikataulutettu eri toimenpiteet: tuote-/palvelulanseeraukset, kampanjat, tapahtumat ja muut asiakasaktiviteetit. Selvää on, että myynti on mukana suunnittelemassa ja aikatauluttamassa aktiviteetteja.

Aktiviteettikalenterin tehtävä on havainnollistaa myynnintuen tekeminen ja auttaa myyjiä asiakastapaamisten sisällöissä.

Tapahtuma/kk	1	2	3	4	5	6	7	8	9	10	11	12
Lanseeraus		X				X				X		
Kampanja			X	X				X	X			X
Tapahtuma ym					X						X	

Myyjät synnyttävät asiakaskokemuksen

"Ihmiset eivät ole yrityksen tärkein voimavara, oikeat ihmiset ovat" [4]

Asiakaskokemus muodostuu pääasiassa yrityksen myyjien ja asiakkaiden välisissä vuorovaikutustilanteissa. Asiakkaiden ja myyjien välisen vuorovaikutuksen johtaminen onkin myyntijohdon keskeisintä tekemistä. Yrityksen tulos muodostuu sen asiakkuuksien seurauksena.

Joskus kuulee sanottavan, että huippumyyjäksi synnytään. Itse uskon, että useimmilla meistä on hyvät edellytykset kehittyä huippumyyjäksi kun omaa oikeaa **tietoa**, **taitoa** ja **tahtoa**.

Myyntitiimin ihmisistä huippumyyjiä on yleensä 10-20%. Perusmyyjiä on noin 60-80% myyjistä ja 10-20% myyjistä on heikkoja myyjiä.

Huippumyyjät ovat usein tulos- sekä asiakaskeskeisiä ja käyttävät suurimman osan ajastaan asiakkaiden ongelmien sekä haasteiden ratkomiseen. Huippumyyjien kanssa keskustellessa aiheet ovat usein asiakkaiden haasteissa ja mahdollisuuksissa sekä mahdollisissa ratkaisuissa. Huippumyyjien tieto, taito ja tahto ratkoa asiakkaiden ongelmia välittyy kuulijalle.

Yrityksen johto kutsuukin usein huippumyyjiä erilaisiin projektiryhmiin, toimikuntiin ja muihin huippumyyjien aikaa

---

[4] Jim Collins; Hyvästä paras

vieviin toimeksiantoihin. Tämä vie kuitenkin huippumyyjien aikaa pois asiakastyöstä ja häiritsee tuottavaa työntekoa.

Huippumyyjiä johdetaan eritavalla kuin muita myyjiä: he saavat myyntitiimissä enemmän vastuuta ja siten myös enemmän resursseja käyttöönsä. Suoritustensa ja tulostensa kautta he saavat myös parempaa palkkaa kuin muut.

Perusmyyjiä on määrällisesti eniten. Jotkut perusmyyjistä on koulutettavissa ja valmennettavissa huippumyyjiksi. He tarvitsevat yleensä lisää tietoa, taitoa ja ohjausta ottamaan käyttöönsä sen, minkä he usein tietävät käytännössä toimivan. Usein puuttuva elementti on myyjän oma tahto tai rohkeus toimia oikein muiden perusmyyjien ja heikkojen myyjien luoman sosiaalisen paineen alla. Toisaalta osa perusmyyjistä on myös vaarassa ajautua heikoiksi myyjiksi kun myyntiorganisaation muutos käynnistyy mahdollisesti uuden myyntijohtajan aloittaessa.

Heikot myyjät on usein nimitetty myyntitehtäviin vastoin heidän omaa tahtoaan. Usein heikoilla myyjillä ei ole riittävää myyntiosaamista tai -kokemusta myynnistä. Usein heikko myyjä ei myöskään sisimmissään tahdo olla myyntiyksikössä, vaan kenties jossain muussa yrityksen toiminnossa. Usein heikkoja myyjiä myös verrataan suoraan yrityksen huippumyyjiin, jotka ovat mahdollisesti toimineet myynnissä usean vuoden ajan.

Heikkojen myyjien yhteinen nimittäjä on useimmiten tahto menestyä. Heikot myyjät löytävät useimmiten syitä miksi joku ei onnistu, kuin miksi asia onnistuisi. Myös huomio on asioissa joihin myyjät eivät voi vaikuttaa tai päättää. Selityksiä on aina enemmän kuin ratkaisuehdotuksia.

Tuloksellisen myynnin osatekijät ovat määrä, suunta ja laatu. Oikea määrä laadullista tekemisestä oikeille asiakkaille tuottaa tuloksen. Vuorovaikutus asiakkaan kanssa koostuu myyjän aktiivisuudesta, asiakaskeskeisyydestä ja ammattimaisuudesta. Edellämainitut sanat ovat adjektiiveja, ne kertovat *millaista* vuorovaikutuksen asiakkaiden kanssa on oltava. Perinteinen määrä, suunta ja laatu ovat substantitiivejä ja kuvaavat siten mikä on tärkeää.

Tieto on perusta huipputekemiselle

Tieto ja sen käyttämisen osaaminen myynnissä korostuu. Huippumyyjä ei tunne hyvin vain omia tuotteitaan ja palveluitaan, vaan hän tuntee hyvin myös asiakkaidensa liiketoiminnan, nykytekemisen ja tavoitteet.

Tieto myös vanhenee nopeammin kuin koskaan aikaisemmin. Tänään keksitty ja opittu on kohta kaikkien tiedossa. Kopioijat pystyvät halutessaan nopeasti edelleen kehittämään tuotetta, menetelmää tai palvelua.

Kilpailijoiden tekemisiä on hyvä seurata ja tarvittaessa kopioda hyvät käytänteet, mutta kilpailijoita enemmän kannattaa perehtyä asiakkaiden tekemiseen, prosesseihin ja tavoitteisiin. Asiakkailta saatu palaute rakentaa yrityksen toimintaa oikeaan suuntaan.

Tieto on teoreettista, tutkittua, luettua, tarinoista kuultua tai kokemuspohjaisesti opittua. Tieto sinänsä ei tee mestaria, mutta sen perusta jonka päälle voi rakentaa. Kuten todettu, tieto vanhenee nopeasti. Myyjien kyky ja halu lukea, opiskella, kysellä sekä tulkita ympäristöstä saatua tietoa ja tehdä niistä johtopäätöksiä ovat jälleen huippumyyjän ominaisuuksia.

Myynnin johto vahvistaa kulttuuria, jossa toimintaa johdetaan faktojen, numeroiden ja tiedon pohjalta. Ei siis huhujen, arvausten tai olettamusten pohjalta. Joskus kuulee moitittavan johtajaa, joka johtaa vain "lukujen avulla". Lukujen avulla johtaminen on selkeästi tehokkaampaa kuin pärstäkertoimen, fiiliksen tai sen hetkisen tunteen avulla johtaminen.

Myyntijohtaja myös tiedostaa että *koulutuksissa* lisätään myyjien tietoa ja *valmennuksissa* harjoitellaan tiedon muuttamista vaikuttavaksi tekemiseksi ja sitä kautta asiakaskokemukseksi. Huippuorganisaatiot lajista riippumatta harjoittelee käytännössä suorituksia. Kuinka usein myyjät käytännössä harjoittelevat asiakasesityksiä, tapaamisia tai asiakaspuheluita. Parhaat ja tavoitteensa useimmin saavuttavat tiimit harjoittelevat, myyjien vastustuksesta huolimatta.

Taito muuntaa tieto laadukkaaksi tekemiseksi

Tiimiläisten osaamisen ja toiminnan kehittäminen on jokaisen esimiehen tärkeää osaamista. Yksinkertainen malli on nimetä yhdessä tiimiläisen kanssa hänen 2-4 tärkeintä osaamisaluettaan, joilla tiimiläisen tulee kehittyä menestyäkseen työssään.

Tiimiläisen nykyosaaminen listatulla osa-alueella mitataan asteikolla 1-5. "Yksi" vastaa tietoisuutta aiheesta, "kaksi" alkeiden osaamista, "kolme" perusosaamista, "neljä" huippuosaamista ja "viisi" alan ehdotonta huippuosaamista.

Seuraavaksi arvioidaan henkilön tavoitetaso osa-alueella. Sen jälkeen kuvataan menetelmä, jolla henkilön osaamista nostetaan. Vaihtoehtoja ovat
- Työssä oppiminen
- Koulutus, valmennus, kurssi tai itseopiskelu
- Avustettu oppiminen eli mentorointi

Lopuksi nimetään henkilö, kuka auttaa tiimiläistä kehittämään ko osa-aluetta.

Osa-alue	Nyky-osaaminen	Tavoite-osaaminen	Metodi	Apuna
Yrityksen palveluiden -osaaminen	2	4	Opiskele annettu materiaali. Haastattele Erkkiä, Penaa ja Sirpaa. 10/2019 loppuun mennessä.	Erkki
Vuosisopi-muksen teko	1	3	Urho auttaa kahden ensimmäisen tekemisessä, sen jälkeen tee itse kolme seuraavaa. 11/2019	Urho
Hinnoittelu-osaaminen	2	3	Harjoittele itse hinnoitteluohjelma. Tapaa sen jälkeen Sinikka noin 1 krt/kk	Kaija
Asiakastap aamisen vaiheet	2	4	Tee kymmenen yhteiskäyntiä Tiinan kanssa. Käykää keskustelu jokaisen tapaamisen jälkeen: mitä tapaamisessa tapahtui?	Tiina

Tietäminen ja tekeminen ovat kaksi eri asiaa. "Besser wisserit" osaavat asioita teoriassa, mutta eivät käytännössä. Myös useimmat myyjät *tietävät* miten huippumyyjät toimivat, mutta syystä tai toisesta eivät itse uskalla, osaa tai halua toimia samoin.

Kun koulutuksissa lisätään *tietoa,* niin valmennuksissa harjoitellaan tekemistä eli *taitoa.* Tehokas valmennus jakaa tietoa ja kokemuksia menestyksekkäästä tekemisestä, opeista, havainnoista, kokemuksista ja tuloksista. Kun tietoa on jaettu ja varmistettu että se on ymmärretty, harjoitellaan tekemistä käytännössä. Myyntitaitoa harjoitellaan tekemällä, ei käsitteiden kautta. Tehokas metodi on monen turhaan pelkäämä ja halveksima käytännön harjoittelu: yksi toimii asiakkaana, toinen myyjänä. Muut seuraavat ja tekevät havaintoja sekä muistiinpanoja.

Miten parhaat myyjät vievät tapaamisen läpi? Miten he esittelevät ja kertovat asiakkaalle yrityksen asioista? Mitä he kyselevät ja miten he haastavat asiakkaitaan? Miten he vastaavat vaikeisiin kysymyksiin? Miten he sopivat jatkotoimista?

Jokainen harjoittelee käytännössä ja toiset havainnoivat sekä auttavat. Tuloksekkaimmat myyntivalmennukset ovat todenmukaisia, simuloituja asiakaskohtaamisia. Myyntiprojektien läpiviennin harjoittelua ja riittävän haastavia. Eri alojen huiput treenaavat säännöllisesti, joten paraskin myyntimies on tärkeää ottaa mukaan.

Monessa myyntivalmennuksessa mennään aidan yli matalimmasta kohdasta. Yhdessä vietetään aikaa mukavuusalueella, pidetään hauska ja energisoiva palaveri, joka ei kuitenkaan nosta kenenkään osaamistasoa tai madalla kynnystä ottaa käyttöön uutta osaamista. Valmennuksen jälkeisenä aamuna arki jatkuu kuten ennen valmennusta.

Myyntivalmennuksissa on myös houkutus alkaa kehittämään myyntiä ennemmin kuin kuin harjoitella sitä. On tärkeä tiedostaa, että tiimin tekemistä tulee kehittää vain systemaattisen tekemisen pohjalta, ei yksittäisten havaintojen pohjalta, yleistäen.

Taito kommunikoida toisten kanssa

"Ymmärrä ensin toista ja tulet vasta sen jälkeen itse ymmärretyksi" [5]

Huippumyyjän tunnistaa mm erinomaisesta kommunikointiosaamisesta erilaisissa tilanteissa. Kommunikoinnilla tarkoitan henkilön kykyä ymmärtää toisten mielipiteitä, näkemyksiä ja tahtotiloja sekä ilmaista omia näkemyksiään selkeästi ja perustellen.

Huippumyyjä ymmärtää asiakkaan tunnistamat ja tunnistamattomat tarpeet, sekä osaa tuottaa niihin perustuvia luovia ratkaisuja. Kommunikointitilanteessa toisen ihmisen kanssa ratkaisevaa ei ole se *mitä* sanotaan, vaan *miten* asia sanotaan. Kokonaisvaltainen kommunikointi koostuu viidestä osa-alueesta [6]:

1. Kyky aidosti kuunnella toista ihmistä
2. Intentionaalisuus (aistittavissa oleva tahtotila)
3. Verbaalinen (kuultavissa oleva) viestintä
4. Non-verbaalinen (nähtävissä oleva) viestintä
5. Kommunikointitilanteen intensiteetti (tunnetila)

Kyky aidosti *kuunnella* toista on myyjän tärkein ominaisuus, ja siitä lisää tuonnempana. Puhe on kuultavissa olevaa

---

[5] Stephen R Covey; The 7 habits of highly effective people. Habit #5.

[6] Markku Leskinen, Caius Grann (2017)

viestintää. Käyttämämme sanat, ääni, intonaatio ja puhetapamme muodostavat osan viestintäämme. Sanoihin, puheeseen ja ääneen kiinnitetään perinteisesti eniten huomioita, vaikka eri tutkimuksissa sen on todettu muodostavan vain 15-40% kokonaisviestinnästämme.

Puhelimessa keskitytään vain toisen verbaaliseen viestintään. Tästä muodostuu mielikuva henkilöstä, joka saattaa muuttua paljonkin hänet tavatessamme.

Intentionaalisuus (tahtotila) on ihmisen aistittavissa olevaa innostusta, tahtoa ja uskoa asiaansa. Se ilmenee katseesta ja läsnäolosta kommunikointitilanteessa. Joku nimittää sitä

	Intentionaalisuus (=aistittavissa):	I
	• Innostus	n
K	• Tahto	t
u	• Tavoite	e
u	Verbaalisuus (=kuultavissa):	n
n	• Sanat	s
t	• Puhe	i
e	• Ääni (sävy, intonaatio)	t
I	Non-verbaalisuus (=nähtävissä):	e
u	• Eleet	e
	• Käytös	t
	• Habitus	t
		i

43

karismaksi. Intentionaalisuuden lähtökohta on myyjän asenne.

Puhelimessa ventovieraalle tehty myyntityö tai tapaamisten sopiminen on mielestäni myynnin vaikeimpia osa-alueita. Vielä vaikeampaa on myyntityö esim sähköpostitse jolloin kommunikoinnin osa-alueista käytetään vain valittuja sanoja, ei ääntä, puhetta tai intonaatiota.

Tuolloin sanojen valinta ja niiden avulla välitetty tunnetila ratkaisevat jatkon. Erinomaisesti kirjoitettu viesti ja oikein valitut sanat auttavat asiaa viemään eteenpäin. Kun luet tutulta ihmiseltä saamasi sähköpostin, "kuulet" mielessäsi henkilön puhuvan sinulle.

Siksi sähköpostit soveltuvat mielestäni parhaiten olemassa olevien asiakkuuksien hoitoon.

Suurin osa kommunikoinnistamme muodostuu siis jostain muusta kuin puheesta. Viestinnän merkittävin osatekijä, *non-verbaalisuus*, on nähtävissä. Non-verbaalisen viestinnän muodostavat ryhti, kävelytyyli, vaatteet, kengät, käytetyt värit, kampaus, siisteys, tuoksu, meikki, korut, kello, kynnet, kädet, hampaat, iho, eleet, ilmeet, silmät ja koko olemuksemme. Koska olemuksemme viestintä on niin voimakasta, muistavat ihmiset käyttämistämme sanoista vain pienen osan.

Olemuksemme jättää sanat varjoonsa. Non-verbaalisuuteen, viestinnän tärkeimpään osa-alueeseen, kiinnitetään yleensä liian vähän huomiota. Näyttääkö myyjäsi asiantuntijalta? Käyttäytyykö ja esiintyykö hän kuin alansa paras asiantuntija? Osaako hän keskustella, esiintyä ja esitellä asiat asiantuntevasti, innostavasti sekä osallistavasti?

Hyvä kommunikoija on läsnä tilanteessa ja osaa tulkita myös toisen osapuolen lähettämiä non-verbaalisia signaaleja. Kädet puuskassa istuva, taaksepäin nojaava asiakas ei ehkä ole kiinnostunut asiastasi tai ole vastaanottavainen ajatuksillesi. Kulmakarvat koholla kuunteleva, avoimessa asennossa istuva sekä eteenpäin nojaava kuulija sen sijaan saattaa pitää kuulemaansa yllättävänä ja mielenkiintoisena. Kelloaan nopeasti tai huomaamattomasti vilkuileva asiakas miettii mahdollisesti jo syytä lopettaa tapaaminen.

Non-verbaalisuudella on yhdessä intentionaalisuuden kanssa erittäin suuri vaikutus uskottavuuden luomisessa. Verbaalisuus kertoo tiedostamme sekä taidostamme ja non-verbaalinen sekä intentionaalinen kommunikointimme asenteestamme.

Kommunikoimme siis pääasiassa kuuntelulla, tahdolla, puheella ja ulkonäöllä. Kaikki edellä mainitut ovat asioita, jotka voimme joko kokonaan päättää tai ainakin hyvin vaikuttaa.

Intensiteetti on tapaamisen rytmi. Rytmi tarkoittaa viestinnän sovittamista toisen osapuolen tahtiin. Kuinka nopeasti asioissa edetään, kuinka nopeasti oma asia kerrotaan ja miten annetaan puheenvuoro toiselle. Ihmisen aistit kaipaavat sopivasti vaihtelua ja taitava viestijä ottaa haltuun myös viestinnän rytmin. Tapaamisen intensiteetti on myös alue, johon voimme vahvasti vaikuttaa, jopa päättää.

Tapaamisen tunnetilan tunnistat parhaiten seuraavasta esimerkistä: astut sisään huoneeseen, jossa on juuri riidelty. Huoneessa leijuu matalalla mustat pilvet. Sinulle välittyy välittömästi huoneen huono ilmipiiri vaikka kukaan ei sanoisi mitään juuri sillä hetkellä. Huoneessaolijoista huokuu negatiivinen energia, kukaan ei katso toisia ihmisiä, vaan ihmiset katsovat lattiaan, kattoon ja seiniin. Toisaalta olet varmasti myös astunut huoneeseen jossa on iloinen tunnelma. Tunne tarttuu nopeasti, rentoudut ja alat viihtymään.

Toiset osaavat säädellä omaa puhettaan tilanteen edellyttämällä tavalla paljon paremmin kuin toiset. Jos toinen puhuu verkkaista kirjakieltä, on nopean puhujan hyvä rauhoittaa omaa puhettaan. Nopean konekivääripuhujan kanssa keskustellessa oma liian hidas puhe tulkitaan yleiseksi hitaudeksi, jopa yksinkertaisuudeksi.

Kokemukseni mukaan moni myyjä puhuu liikaa, eikä anna kuulijalle aikaa ajatella tai vastata. Minuutteja kestävät yksinpuhelut laskevat kokouksen intensiteettiä ja unettavat kuulijoita. Keskustelussa ei ole kyse koulutuksesta, vaan kommunikoinnista. Molemmat osapuolet kertovat ja kuuntelevat.

Taitava kommunikoija osaa aistia myös kumppaneiden ja tilaisuuden tunnetilaa ja säädellä omaa tunnetilaansa sen mukaan. Jos toinen alkaa vaikuttamaan väsyneeltä, nostaa hän hieman intensiteettiä ja aktivoi toisia mukaan. Kun ilmassa on liikaa energiaa ja melua, rauhoittaa hän ilmapiiriä.

Uskon, että taitava henkilö pysyttelee lähellä toisten tunnetilaa ja mieluiten hieman sen yläpuolella. Asiakkaan tunnetila on se asia, jonka suhteen *asiakas on aina oikeassa*. Asiakas on tunnetilassaan rehellinen ja aito. Et voi väittää asiakkaan tunnetilaa vääräksi, mutta voit tulla toimeen sen kanssa. Vihaiselle asiakkaalle ei kannata selitellä, vaan antaa hänelle selkeä signaali siitä että ymmärrät hänen viestinsä, ja että sinulla on ratkaisu asian korjaamiseksi.

Tunnetiloissa mielenkiintoista on myös se, että vahva tunnetila voittaa puolelleen heikoimpia tunnetiloja. Aito innokkuus tarttuu ennenpitkää kyynisempäänkin kuulijaan. Samoin vahva negatiiivinen tunnetila saa lievästi positiivisen ilmapiirin negatiiviseksi.

Taito luoda yhteys toisen ihmisen kanssa

Kykymme aidosti kuunnella toista on siis tärkein kykymme. Kuuntelu tässä yhteydessä ei tarkoita vain sanojen, äänen ja puheen kuuntelua, vaan myös non-verbaalisten ja intentionaalisen viestinnän aistimista.

Asiakas ei kiinnostu ratkaisustasi ennenkuin hän on varma siitä, että ymmärrät hänen ongelmansa, tahtotilansa ja sanoman. Sen jälkeen hän on aidosti avoin keskustelulle ja näkemyksellesi. Viestin lähettäjän tulee ensin ymmärtää kuulijan tarpeet, haasteet, näkökannat, ongelmat sekä ajatukset ja vasta tämän jälkeen keskittyä oman viestin ymmärretyksi saattamiseen. Molemminpuolinen ymmärrys on perusta yhteyden muodostumiselle.

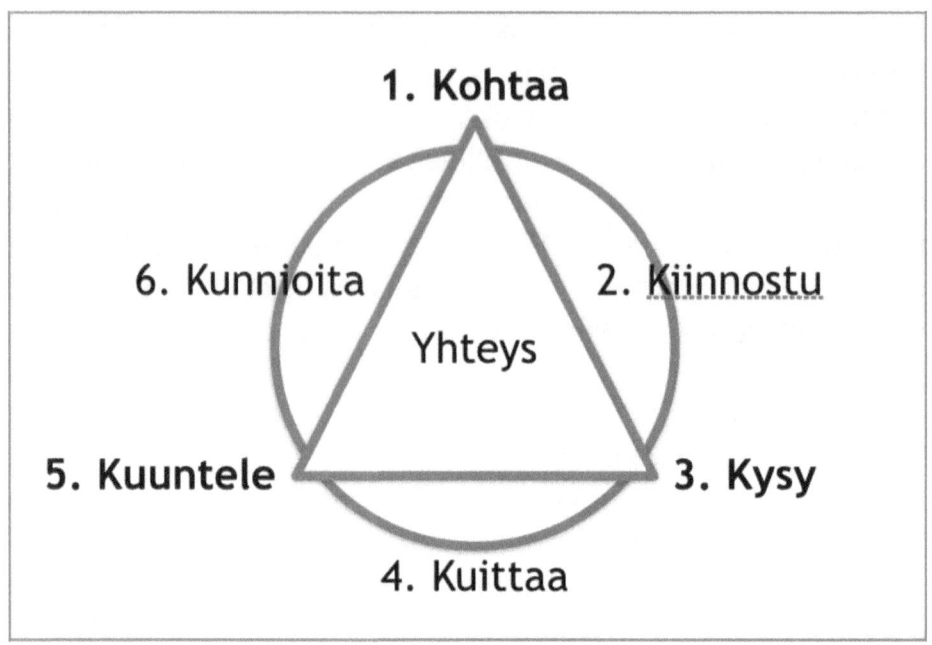

1. Kohtaa

6. Kunnioita

2. Kiinnostu

Yhteys

5. Kuuntele

3. Kysy

4. Kuittaa

Kuinka yhteys toisen ihmisen kanssa sitten rakennetaan? Kuinka pääsemme selville toisen ihmisen ajatuksista, tavoitteista, huolista ja näkökannoista? Ne saa parhaiten selville kysymällä ja houkuttelemalla henkilö kertomaan näkemyksensä itse!

Kuuden K:n malli (K6)[7] on toimiva malli rakentaa ymmärrys toisen ihmisen kanssa. Malli lähtee liikkeelle toisen ihmisen *kohtaamisesta* (1). Kohtaaminen voi tapahtua puhelimitse tai postitse, mutta ennen kaikkea se tarkoittaa tapaamista toisen ihmisen kanssa. Kohtaaminen tarkoittaa myös asioiden (epämukavienkin) esiin nostamista yleensä.

Kohtaamisessa toisesta ihmisestä *kiinnostutaan* (2) niin henkilönä kuin hänen näkökannoistaankin. Kiinnostuksen tavoite on saattaa toinen ihminen positiiviseen tunnetilaan.

[7] Markku Leskinen, Caius Grann (2017)

Ihmisellä on tarve olla ainutlaatuinen, kiinnostava ja kertoa muille itselleen tärkeistä asioista. Kun ihminen kokee olevansa kiinnostava, pääsee hän positiiviseen tunnetilaan.

Paras keino osoittaa olevansa kiinnostunut toisesta henkilöstä on *kysyä* (3) häneltä avoimia kysymyksiä hänelle tärkeistä ja ajankohtaisista asioista.

Kysymyksen esittämistä seuraa vaikea vaihe - *kuuntelu.* Suurin osa meistä kysyy kysymyksiä kiinnittämättä huomiota saamiinsa vastauksiin. Kun asiakas vastaa esittämääsi kysymyksiin, *kuuntele* (5) tarkasti mitä hän sinulle kertoo. Kuuntelet niin tarkkaan, että osaat kysyä mahdollisen jatkokysymyksen hänen kertomastaan vastauksesta.

Kuittaaminen (4) tarkoittaa sitä, että annat viestin lähettäjälle signaalin, että *ymmärrät* mitä hän sinulle kertoi. Katsot häntä silmiin ja osoitat että kuuntelet häntä. Osoitat verbaalisesti tai non-verbaalisti että *ymmärrät* mitä hän juuri sanoi. Nyökyttelet, mumiset tai selkeästi sanot ymmärtäväsi mitä toinen sanoo. Viestin lähettäjä haluaa varmistaa ensin, että hänen oma sanomansa tuli ymmärretyksi. Kuunteluvaiheen suurin virhe on alkaa väittelemään toisen esittämistä mielipiteistä. Vielä ei ole sen aika.

Sinulle kerrotut asiat ovat kertojalleen tärkeitä asioita. Pahinta mitä voit viestin lähettäjälle tehdä, on vähätellä tai suhtautua hänen ajatuksiinsa epäkunnioittavasti. Niinpä sinun tulee *kunniottaa* (6) hänen mielipiteitään, vaikka et itse mahdollisesti samaa mieltä olisikaan.

Kunnioittaminen tarkoittaa myös sitä, että et pane paremmaksi asiakkaan sinulle kertomia kokemuksia. Kun asiakasa kertoo olleensa lomalla Turussa, ei välttämättä ole hyvä idea hehkuttaa omalla Bahaman lomamatkalla, vaan kiinnostua lisää hänen Turun lomastaan.

Useimmat ihmiset ovat halukkaita ja innokkaita kertomaan asioistaan ja ajatuksistaan pitkäänkin. Ihmisen tarvetta kertoa itsestään on helppo ruokkia: "onpa mielenkiintoinen näkemys, kerro ihmeessä lisää!" (kuuntelu, kiinnostus, kunnioitus, kuittaus ja kysymys).

K6-mallin vahvuus on se, että se soveltuu moneen eri vuorovaikutustilanteeseen. Jutusteluvaiheeseen ennen varsinaista tapaamista. Asiakkaan tarpeen kartoitukseen. Vasta-argumenttien käsittelyyn. Keskusteluun ventovieraan kanssa bussimatkan aikana. Perheen houkuttelemiseen keskusteluun yhteisellä päivällisellä. Kollegaan, esimieheen tai tiimiläiseen tutustumisessa. Rekrytointihaastattelussa jne.

Kun käytät luontevasti K6-tekniikkaa, välittyy toiselle tunne, että kunnioitat ja kuuntelet häntä. Se rakentaa välillenne yhteyden ja teillä *synkkaa*. Tämä taito on toisille sisäsyntyinen ja meille muille helposti opittavissa.

Taito sopia puhelimessa tapaaminen uuden asiakkaan kanssa

Tapaamisen sopiminen uuden mahdollisen asiakkaan kanssa on jokaisen myyjän tärkeää perusosaamista. Joskus kuulee väitettävän että ns kylmäsoittelu uusille asiakkaille tapaamisten aikaansaamiseksi on tullut tiensä päähän; sosiaalinen media ja -verkko ovat parempia kanavia sopia tapaaminen uuden mahdollisen asiakkaan kanssa.

Mahdollisesti ja monin paikoin, mutta tosiasia on, että tapaamisen sopiminen uudelle asiakkaalle puhelimitse on edelleen yksi työllistävimmistä, vaikeimmista ja tuloksekkaimmista keinoista päästä tapaamaan uusia ja potentiaalisia asiakkaita.

Asiakaspuhelun vaiheet uudelle asiakkaalle tyypillisesti ovat:
• Valmistautuminen soittoihin
1. Soitto. Esittäytyminen ja keskusteluun houkutteleminen
2. Asian esittäminen ja tapaamisehdotuksen teko
3. Mahdollisten vasta-argumenttien käsittely
4. Tapaamisen sopiminen
5. Kiittäminen ja puhelun päättäminen
• Puhelun jälkeiset toimet

Oleellista on, että puhelun aikana ei myydä mitään. Siinä sovitaan tapaaminen asiakkaan kanssa. Alla esimerkki noin 60 sekunnin puhelusta tapaamisen sopimiseksi:

Myyjä (oma esittäytyminen, keskusteluun houkutteleminen): Tässä puhuu Kalle Kovanen Yritys Oy:stä hyvää päivää (pieni tauko). Soitan konttoritarvikkeiden hankintaan liittyvissä asioissa, kuinka hyvin tunnet Yritys Oy:n konttoritarvikkeiden ostopaikkana? (Tauko)

Asiakas (esittää heti vasta-argumentin): En tunne ja nyt on kuule kova kiire! Soita myöhemmin!

Myyjä (nopeuttaa hieman puhettaan, kuittaa että ymmärtää, käsittelee vasta-argumentin ja ehdottaa tapaamista): Ymmärrän että on kiire ja siksi lyhyesti! Meillä Yritys Oy:llä on Suomen laajin tuote- ja palveluvalikoima juuri teidänkaltaisille toimijoille. Ehdotan, että tapaamme ja keskustelemme tarkemmin tarpeistanne ja eduista joita voimme todistetusti tarjota. Miten sinulle sopii ensi viikon torstai kello 15-16?

Asiakas (esittää toisen vasta-argumentin): En ehdi, olen tuolloin matkalla. Meillä on muutenkin toimittaja ja nämä asiat on kunnossa.

Myyjä (kunnioittaa, käsittelee toisen vasta-argumentin ja ehdottaa vielä tapaamista): Ymmärrän ja juuri siksi meidän on tärkeä tavata ja katsoa miten voimme tarjota kenties nykyistä parempaa ja edullisempaa palvelua. Sopiiko sinulle ensi viikon perjantai 13-14?

Asiakas: No höh! Ok, perjantai sopii. Tule sitten, saat puoli tuntia aikaa.

Myyjä (tapaamisen sopiminen ja vahvistus): Hyvä. Tavataan teillä Myllytie 1:ssä perjantaina klo 13-14. Minun nimi oli muuten Kalle Kovanen, lähetänkö sinulle vielä kokouskutsun, josta on yhteystietoni?

Asiakas: No laita vain.

Myyjä (kiittäminen ja puhelun päättäminen): Selvä, laitan tulemaan Maija.Mehilainen@asiakas.fi, olihan se oikein? Kiitos vielä tästä ja hyvää päivän jatkoa sinulle. Ensi perjantaina nähdään.

Puhelun jälkeen myyjä lähettää asiakkaalle kalenterikutsun jossa on lyhyt muistio käydystä keskustelusta.

Yksinkertaiselta tuntuvat puhelut uusille potentiaalisille asiakkaille systemaattisesti toteutettuna on todella moniulotteinen operaatio. Operaatio alkaa sillä, että asiakkaat, jotka halutaan tavata, listataan.

Soittajan on hyvä listata henkilöt joille hän soittaa, heidän vastuunsa ja heidän puhelinnumerot. Operaatiossa on pystyttävä toimimaan systemaattisesti, että pysytään selvillä ketä on tavoiteltu, kenen kanssa on puhuttu, kenen kanssa tapaaminen on jo sovittu ja kenelle ei ole vielä saatu tapaamista.

Paras tuntemani puhelintyöskentelijä toimii seuraavalla tavalla: Hän kirjoittaa yhdelle A4-paperille yhden yrityksen nimen, tavoiteltavan henkilön, hänen vastuunsa ja puhelinnumeron. Papereita hän tekee ennakkoon noin sata kappaletta.

Puhelintyöskentelypäivä on varattu kalenteriin hyvissä ajoin. Koko päivä on hyvää kontaktointiaikaa, mutta erityisen tehokasta soittoaikaa on klo 7:30-8:50, 11:15-12:50 ja 15:00-17:00. Tuolloin ihmisiä saa suhteellisesti helpommin kiinni työmatkalla ja palaverien lomassa. Koko päivä on rauhoitettu ja varattu vain puhelintyöskentelylle ja tapaamisten bookkauksille.

Aamulla siistillä pöydällä odottaa pino papereita, joissa jokaisessa on yksi mahdollinen uusi asiakas, yhteyshenkilöineen ja yhteystietoineen. Ennen soittamisen aloittamista, henkilö virittäytyy positiiviseen tunnetilaan ja nostattaa omaa energiaansa. Työvälineet ovat luonnollisesti parhaat mahdolliset; puhelin ja hyvät kuulokkeet, jotka jättävät kädet vapaiksi. Edessä puhdas työpöytä, tietokone (jossa kalenteri-ohjelma ja netti) sekä nippu potentiaalisia uusia asiakkaita.

Sitten alkaa soittaminen. Soitto ensimmäiselle henkilölle. Jos oikea henkilö saadaan kiinni, viedään ennakkoon harjoiteltu keskustelu luonnollisesti läpi sekä ehdotetaan tapaamista. Kun tapaaminen on sovittu, merkitään se kalenteriin, tehdään jatkotoimet ja viedään paperi pinkkaan A (=sovitut tapaamiset).

Jos oikeaa henkilöä ei tavoiteta, menee paperi nippuun B (=soitetaan iltapäivällä). Jos puhelu menee vastaajalla tai kukaan ei vastaa, menee myös nippuun B.

Usein puhelu menee vaihteeseen tai siihen vastaa joku muu henkilö. Tällöin tulee tarkistaa, että soittajalla on tiedossa oikea henkilö, hänen yhteystietonsa ja että henkilö vastaa alueen päätöksistä. Mahdolliset korjaukset tehdään suoraan paperille ja viedään nippuun B (=iltapäivä). Vaihteen henkilö voi myös kertoa että henkilö on matkoilla ja palaa esim seuraavana päivänä. Tuolloin paperi siirretään nippuun C (=soitetaan myöhemmin).

Aamupäivän aikana käydään paperipinoa läpi. Soittaminen on todella vaativaa ja raskasta. Tehokkaan työpäivän aikana ehtii soittamaan noin 100 numeroon. Sadasta soitosta saadaan langan päähän heti oikea henkilö noin 10-15 kertaa. Heille tapaaminen onnistuu huipuilta noin 5-10 henkilölle.

Samaa asiakasta ei tule tavoitella saman päivän aikana liian montaa kertaa, koska soittava numero jää asiakkaan puhelimeen muistiin. Jos soittoja tulee saman päivän aikana liikaa, osaa asiakas vältellä ko numeroa olettaen sen olevan puhelinmyyjä.

Huiput myös analysoivat soittojaan. Ylös kirjataan soitot, käydyt keskustelut oikeiden henkilöiden kanssa ja tapaamiset. Näin omaa työskentelyä voidaan analysoida ja tunnistaa omia kehityskohteita.

Myynnin johtajan tulee luonnollisesti tunnistaa tiimiläistensä nykyosaaminen ja kehityskohteet. Osalla myyjistä on haasteita puheluiden määrässä, jolloin taustatyö voi olla tehty puutteellisesti. Osa myyjistä ei saa riittävästi tapaamisia, jolloin kehitettävää on asenteessa, tekstissä tai puheessa.

Puhelu uudelle mahdolliselle asiakkaalle tapaamisen saamiseksi on yksi vaikeimpia myynnin osa-alueita. Usein kuulen myyjien väittävän, että tapaamisten sopiminen ei ole varsinaisesti myyjien tehtävä, vaan tapaamiset tulee sopia joku toinen.

Usein kuulee, että soittelu uusille asiakkaille on tullut tiensä päähän ja on siten turhaa. Soittaminen uusille, mahdollisille asiakkaille on monelle tyypillinen epämukavuusalueelle meno. Erittäin vaikeaa, ehdottoman tärkeää ja ajan mittaan kehittävää sekä ehdottoman kannattavaa.

Tapaamisen sopiminen nykyisten asiakkaiden kanssa on helppoa verrattuna uusiin asiakkaisiin. Puhelun vaiheet menevät saman kaavan mukaan, mutta luonnollisestikin tuttavallisemmin: esittäytyminen, asian esittely, ehdotus tapaamiselle, sopiminen, vahvistus, kiittäminen ja puhelun päättäminen.

Taito viedä asiakastapaaminen läpi

"Ei kannata lisätä sitä, mikä ei toimi"[8]

Henkilökohtainen tapaaminen on ehdottomasti paras tapa rakentaa luottamusta asiakkaan ja myyjän välillä. Jos myyjä ei osaa viedä tapaamista ammattimaisesti läpi, ei kannata aluksi lisätä tapaamisten määrää, vaan harjoitella ensin tapaamisen luonnollista kulkua.

Tapaamisessa voidaan tunnistaa seuraavat vaiheet:
• Valmistautuminen tapaamiseen
1. Alkujutustelu eli "small talk"
2. Tapaamisen agendan lyhyt kertaus ja aikataulun tarkistaminen
3. Asian esittäminen
4. Keskustelu, asiakkaan huolien ja vasta-argumenttien käsittely
5. Kokouksen yhteenveto ja jatkosta sopiminen
• Jälkitoimet

Tapaaminen alkaa jo ennen tapaamista siitä hetkestä kun myyjä kontaktoi asiakasta ja ehdottaa tapaamista. Tuosta hetkestä alkaen asiakas rakentaa mielikuvaa myyjästä ja hänen edustamastaan yrityksestä.

Valmistautuminen on tärkeää, mutta siihen ei tule uhrata liikaa aikaa, sillä vain harva tapaaminen etenee täysin käsikirjoituksen mukaan. Tärkeintä on tiedostaa ketä tapaa, miksi ja mikä on tapaamisen tavoite ja toivottu lopputulos. Esitettävä asia muotoillaan henkilöille joita tavataan niin,

---

8 Jukka Rantala (2016)

että se on kiinnostava ja koskettaa ko henkilön vastuualuetta.

On tärkeää lähettää tapaamiseen tuleville henkilöille etukäteen tapaamisen agenda ja aikataulu. Silloin hekin voivat valmistautua tapaamiseen ja varautua olemaan paikalla koko tapaamisen ajan.

Tapaamiseen on syytä varata mukaan tarvittavat esitysmateriaalit, muistiinpanovälineet, saatavilla olevat faktat asiakkaasta ja mahdollisesta yhteisestä liiketoiminnasta.

Huippumyyjä ei myöhästy koskaan tapaamisesta, vaan on mieluummin 15 minuuttia etuajassa kuin minuutin myöhässä.

Tapaaminen aloitetaan kättelyllä ja jutustelulla eli small talkilla. 6K-malli toimii myös jutusteluvaiheessa erinomaisesti. Myyjä kyselee kuulumisia ja kiinnostuu ihmisestä jota tavataan. Hyvä myyjä on selvittänyt jotain henkilöstä jota tapaa. Olitko ennen Nokiassa? Tunnetko Penan? Mitä teit? Mitä kuuluu? Mitä teit viikonloppuna? Miten loma meni?

Kysymysten tarkoitus on aktivoida asiakas kertomaan itsestään, hänelle tärkeistä sekä mieluisista asioista ja siten tuntemaan itsensä rentoutuneeksi. Tarkoitus on saattaa asiakas omalle mukavuusalueelleen.

Alkujutustelua jatketaan kunnes asiakas ilmaisee elein tai sanoin, milloin on oikea aika siirtyä seuraavaan vaiheeseen - eli asiaan. Tarkka myyjä huomaa tämän usein huomaamattoman eleen selvästi. Se voi olla asiakkaan asennon muutos, muistiinpanovälineiden esiin ottaminen, tietokoneen käynnistäminen tai muu signaali.

Myyjä ottaa tilanteen haltuunsa. Hän kiittää vielä mahdollisuudesta tulla tapaamaan asiakasta ja varmistaa nopeasti käytettävissä olevan ajan. Sen jälkeen hän nopeasti kertaa tapaamisen agendan ja varmistaa, että se on asiakkaalle ok.

Tämän jälkeen myyjä esittää asiansa lyhyesti, ytimekkäästi ja kiinnostavasti. Esityksen jälkeen siirrytään jälleen K6-mallin pariin. Kysy mielipidettä ja ajatusta esityksestäsi tai ehdotuksestasi. Kuuntele, kiinnostu, kuittaa että ymmärrät, kunnioita mielipiteitä ja käy keskustelua aiheesta sekä tee tarvittavia muistiinpanoja.

Usein asiakas esittää tarkentavia kysymyksiä ja tuo esiin uusia näkökohtia, jotka ovat hänelle tärkeitä. Jos asiakas ei esitä yhtään vasta-argumenttia ehdotuksellesi, on mahdollista että hän ei täysin ymmärtänyt ehdotustasi. Huippumyyjä uskaltaa myös itse nostaa esiin asiakkaan mahdollisia huolia ja argumentteja sekä osaa käsitellä niitä.

Kun keskustelua on käyty sopiva aika on yhteenvedon aika. Myyjä vetää yhteen pääpointit keskustelusta ja ehdottaa miten edetään jatkossa. Tämä varmistetaan vielä asiakkaalta ja kokous voidaan päättää seuraavan tapaamisen sopimiseen.

Usein lopuksi siirrytään vielä jutustelu-alueelle, eli keskustellaan jostain muusta kuin tapaamisen aiheesta. Tapaaminen päättyy kättelyyn ja kiitokseen.

Tapaamisen jälkeen tulee myyjän lähettää asiakkaalle lyhyt yhteenveto tapaamisesta 24 tunnin kuluessa tapaamisen päättymisestä. Yhteenvedon on oltava lyhyt, eikä sen pidä aiheuttaa asiakkaalle suuria toimenpiteitä. Yhteenvedon tulee antaa asiakkaalle tunne, että myyjällä on tilanne hallinnassa. Samassa yhteydessä voidaan lähettää myös kokouskutsu seuraavaan tapaamiseen. Jos yrityksellä on käytössään asiakkuuksien hallinta ohjelmisto (crm), kirjaa myyjä sovitut asiat sinne muidenkin nähtäville.

Seuraavaksi huippumyyjä varmistaa että luvatut asiat tulevat tehdyksi ennen seuraavaa tapaamista asiakkaan kanssa.

Tahto on edellytys menestymiselle

"Who dares, wins"

Tieto ja taito ei vielä riitä, tarvitaan tahtoa. Asenne, motivaatio, tahto, draivi, palo, intohimo on merkittävin huippumyyjän menestystekijä.

Ihmisen identiteetti ja persoonallisuus rakentuvat ensimmäisten elinvuosien aikana. Kokemukset ja asenteet muokkaavat arvojamme sekä uskomuksiamme. Ajattelumme pohjautuu kokemuksiimme ja ohjaavat puhettamme ja lopulta tekemistämme.

Mielemme pyrkii selittelemään meille asioita. On tärkeää oppia erottamaan omat ajatukset ympärillämme vallitsevasta todellisuudesta. Tulkitsemme helposti ympäristömme tapahtumia ja ihmisten puheita sekä tekoja omalla tavallamme, joilla ei useinkaan ole tekemistä ympärillä vallitsevan todellisuuden kanssa.[9]

Ilmiö selittää myös ihmisten erilaisia tulkintoja ympäristön samoista signaaleista ja ilmiöistä. Toisen mielestä lasi on puolityhjä kun se toisen mielestä on puolitäysi. Myyjien asennetta ja ajattelua voi ymmärtää hyvin "mukavuusalue"- ja "hallinnan ympyrä"-malleilla.

Rationaalinen ihminen pyrkii aina ns **mukavuusalueelleen**. Tämä on alue jolla on mukava olla. Se on tuttujen ihmisten kanssa tapahtuvaa mukavaa tekemistä, helppojen asioiden läpivientiä ja stressivapaata toimintaa.

---

9 Arto Pietikäinen; Joustava mieli (2017)

Mukavuusalue sijaitsee epämukavuusalueen sisällä. Epämukavuusalue on alue, jolla toimiminen ei aina ole mukavaa. Se on uusien, tuntemattomien asiakkaiden tapaamista, vaikeiden asioiden eteenpäinvientiä ja hankalien asioiden kanssa toimimista.

Mukavuusalue-mallilla on viisi luonnonlakia:
1. Rationaalinen ihminen pyrkii aina mukavuusalueelleen
2. Pitkäaikainen mukavuusalueella olo pienentää sitä ja johtaa lopulta mukavuusalueen häviämiseen kokonaan (jatkuvat valittajat)
3. Pitkäaikainen epämukavuusalueella olo voi aiheuttaa stressiä tai jopa loppuunpalamista
4. Ihminen kehittyy ja oppii eniten epämukavuusalueellaan
5. Epämukavuusalueella olo pienentää sitä ja johtaa mukavuusalueen kasvamiseen (henkilöt jotka ei valita tai säikähdä mitään)

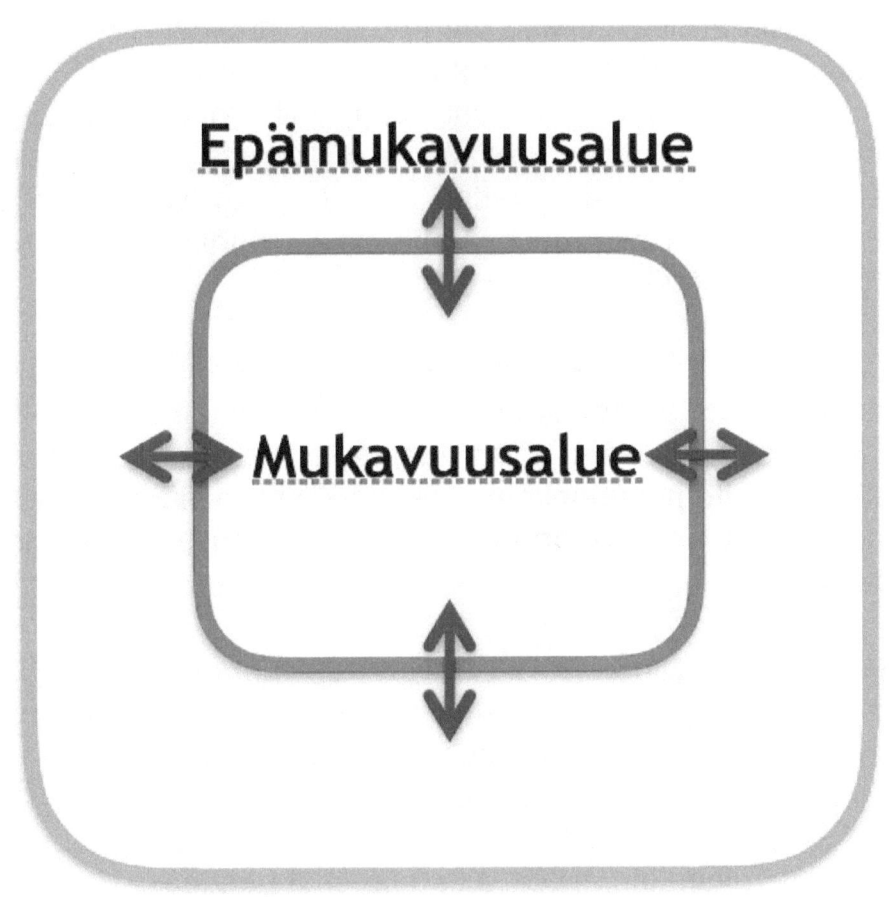

Mukavuusalueen ja epämukavuusalueen erottaa vaikeasti läpäistävä *selittelymuuri*. Se koostuu tunnistetuista defenssimekanismista, joilla ihminen selittää itselleen ja muille miksi jotain ei voi tai ei kannata tehdä.

Tunnettuja defenssimekanismeja ovat mm kieltäminen ("ei ollut mun vika"), yliälyllistäminen ("segmentointimme ja käyttämämme CRM ei tue asiakkaan hoitomallia"), arvonkieltäminen ("ei ollut niin iso asiakas"), selittely ("mun asiakkailla ei ole keikkoja, ne ei osta"), huumori ("näitähän sattuu, hahahah") sekä torjunta ("ei pidä paikkaansa!"). Edellämainitut defenssit ovat syitä, joilla myyjät selittävät mm miksi asiakkaiden tapaamisia ei kannata tehdä, uusille asiakkaille ei kannata soittaa tai miksi hävitty kauppa ei ollut tärkeä. Kokenut myyntijohtaja tunnistaa helposti myyjien defenssit ja selitykset.

Epämukavuusalueelle kannattaa siirtyä, koska onnistumiset, suuret kaupat ja menestys tehdään siellä. Epämukavuusalueella olon tunnistaa helposti: siellä on ratkaisemattomia ongelmia, vaikeita kysymyksiä, asiakkaan ongelmia, pieniä ja harmittavia yksityiskohtia jotka tulee ratkoa.

Hallinnanympyrä antaa syvyyttä ymmärtää myyjien ajattelua ja ajankäyttöä. Ihminen voi käyttää aikaansa ja energiaansa keskittymällä kolmentasoisiin asioihin:
1. Asiat, joihin hän voi vaikuttaa ja päättää
2. Asiat, joihin hän voi vaikuttaa, mutta ei päättää
3. Asiat, joihin hän ei voi vaikuttaa, eikä päättää

Tyypillisiä asioita joihin ihminen ei voi vaikuttaa eikä päättää (3) ovat mm sää, verotus, maailmanpolitiikka, suhdanteet jne.

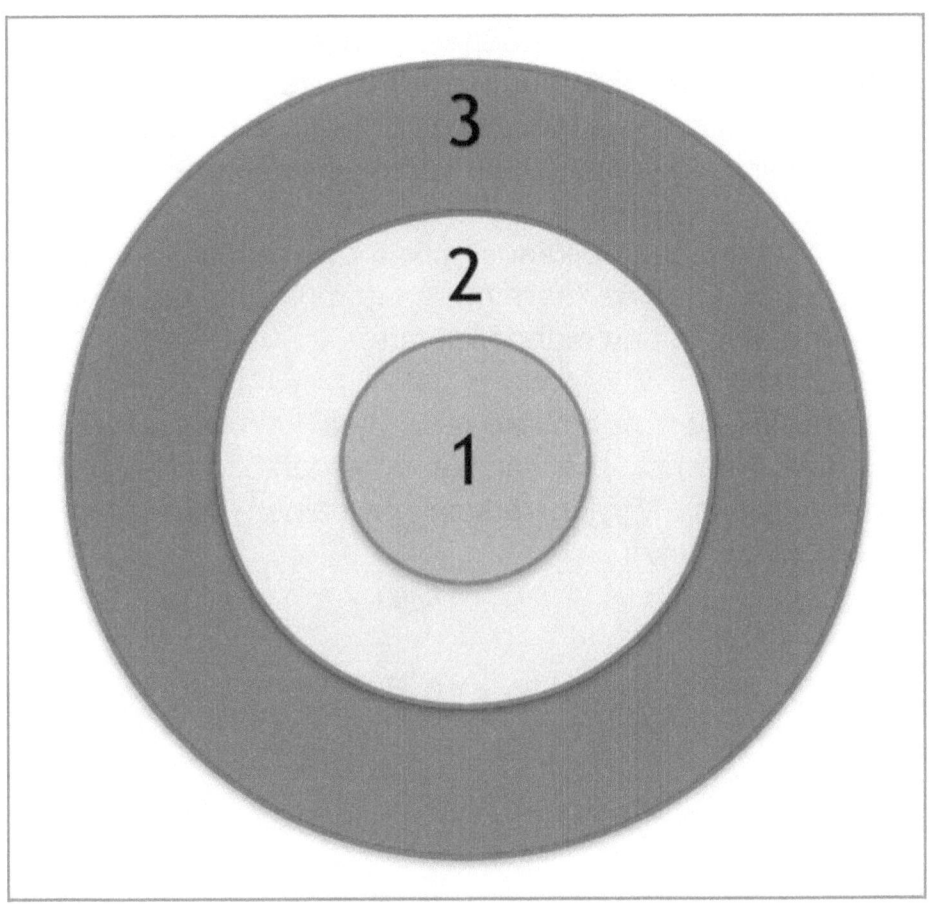

Asioita joihin voimme vaikuttaa, mutta emme päättää ovat mm asiakkaat, kolleegat, esimies, johto, tuotteet ja palvelut sekä hinnoittelu.

Asioita joihin voimme sekä vaikuttaa että päättää ovat mm oma puhe, käyttäytyminen, ajattelu, pukeutuminen, asiakkaiden tapaamiset, oma osaaminen, kommunikointi ja asenne.

On selvää, että suurin osa energiasta ja ajasta tulee käyttää hallinnanympyrän keskiön asioihin - asioihin joihin voimme itse vaikuttaa ja päättää. Parhaat myyjät tekevätkin näin. Heikot myyjät kauhistelevat veroja, kilpailijoita, hintoja, politiikkaa ja uhraa näin kallisarvoista energiaa asioihin joihin voivat vaikuttaa vain hyvin vähän.

Kun ihminen viettää aikaansa liikaa ulkokehällä, palaa hän usein loppuun. Maailman murheet murtavat tehokkaasti, kun annamme siihen mahdollisuuden.

Kun myyjällä on potentiaalia kehittyä kolmella alueelle - tieto, taito ja tahto - on hänellä hyvät lähtökohdat kehittyä huippumyyjäksi. Myyjän tärkein yksittäinen valmentaja on hänen esimiehensä..

Tuotemyyjästä asiakkaan liiketoiminnan kehittäjäksi

Myynnin historiassa on tapahtunut neljä läpimurtoa[10], jotka ovat muovanneet oleellisesti tapaamme myydä.

Ensimmäinen läpimurto tapahtui 1900-luvun alkupuolella kun Amerikkalaiset vakuutusyhtiöt oivalsivat miten he voisivat lisätä myyntiään roolittamalla myyjien tekemisen uudella tavalla.

Käytäntö alalla oli, että sama myyjä myi vakuutuksia uusille asiakkaille ja uusia vakuutuksia nykyisille asiakkaille. Ilmeni että tapa ei ollutkaan täysin optimaalinen. Keksittiin, että myyminen voitiin jakaa kahdelle eri henkilölle. Toinen myyjä keskittyisi uusasiakasmyyntiin ja toinen lisäpalveluiden myymiseen nykyisille asiakkaille. Syntyi ns metsästäjä-/ maanviljelijä-malli (farmer-hunter-model). Osa myyjistä "metsästää" uusia asiakkaita ja toiset "viljelevät" nykyistä asiakaskuntaa. Tulokset paranivat yksinkertaisen roolituksen ansioista.

Toinen läpimurto tapahtui 1920-luvulla jolloin julkaistiin "The Psychology of Selling" (E. K. Strong). Kirja esitteli myyntitekniikan ajatuksen. Myyntitekniikka pohjautui tuotteen "ominaisuuksiin", niistä saatuihin "asiakashyötyihin", avoimiin ja suljettuihin kysymyksiin sekä kaupan päättämis-kysymyksiin.

---

[10] The Challenger Sale; Taking control of the customer conversation (2011)

Kolmas suuri mullistus tapahtui 1970-luvulla, jolloin kehitettiin ns "ratkaisumyynti" asiakkaiden monimutkaistuneiden ongelmien ratkomiseen.

Neljäs suuri myynnin mullistus on meneillään juuri nyt. Asiakastarpeet ovat edelleen monimutkaistuneet, nopeutuneet ja kehittyneet. Syklit ovat lyhentyneet ja teknologia tarjoaa ratkaisuja kiihtyvällä vauhdilla. Tunnettu ja keksitty vanhenee nopeasti ja asiakkaiden vaatimukset kasvavat kiihtyvällä nopeudella. Erilaistuminen ja voiton tekeminen on vaikeampaa kuin koskaan aikaisemmin. Tarvitaan *näkemyksellistä ratkaisumyyntiä* [11].

---

[11] Markku Leskinen (2017)

Tuotemyynti

Myynnin tasot ovat:
1. Asiakkaan liiketoiminnan kehittäminen
2. Asiakkaan ongelman ratkaisu
3. Tuote- ja palvelumyynti
4. Tuotemyynti

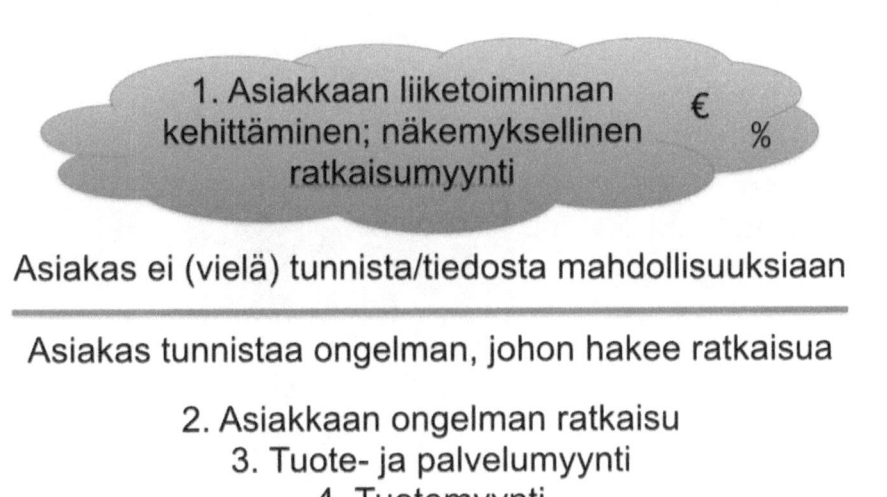

1. Asiakkaan liiketoiminnan kehittäminen; näkemyksellinen ratkaisumyynti € %

Asiakas ei (vielä) tunnista/tiedosta mahdollisuuksiaan

Asiakas tunnistaa ongelman, johon hakee ratkaisua

2. Asiakkaan ongelman ratkaisu
3. Tuote- ja palvelumyynti
4. Tuotemyynti

Tuotemyyjä on neljännen tason myyjä. Hän tuntee tuotteidensa ominaisuudet, edut ja hyödyt asiakkaalle. Hän osaa kartoittaa asiakkaan tarpeet, tuntee tuotteensa ensiluokkaisesti ja osaa tuottaa asiakkaalle hyötykeskeisiä argumentteja (syitä ostaa).

Tuotemyyjä:
1. Tuntee erinomaisesti tuotteensa
2. Kysyy ja kuuntelee asiakasta (6K)
3. Tunnistaa asiakkaan perimmäisiä ongelmia ja tahtotiloja

4. Osaa tuottaa lyhyen ja ytimekkään tarinan asiakkaalle, miksi tuote sopii juuri hänelle. Tuo tarinaan tunnetta!

Esimerkki: Hyvä tuotemyyjä on tunnistanut tennismailaa pojalleen ostavan isän tarpeen. Isä tarvitsee kestävän mailan, koska poika raapii usein maata mailan kärjellä.

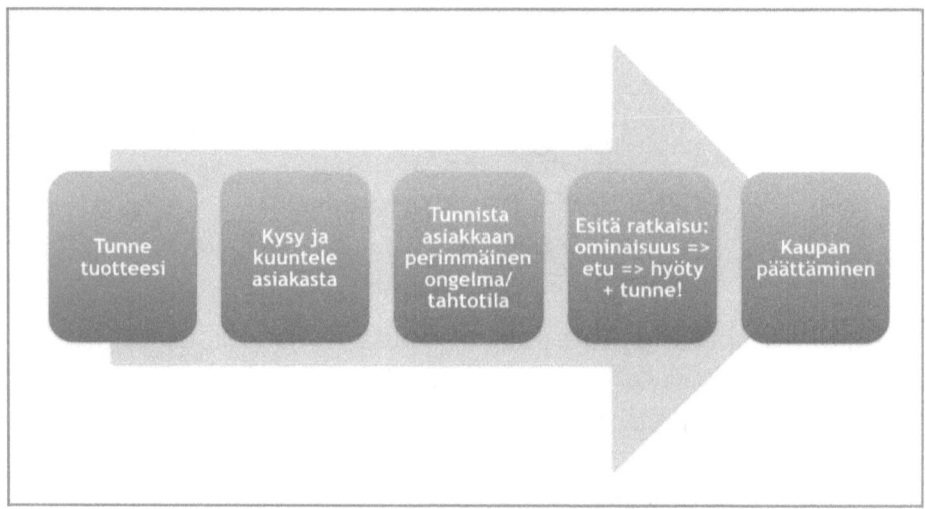

Tuotemyyjä: "Ok. Luulen että ymmärrän tarpeesi. Tarvitset siis kestävän mailan, eikö totta? Katsos tätä mailaa. Tässä mailassa kehä on komposiittia (=ominaisuus), kokeile tästä. Komposiitin etu on se, että se kestää hankausta 50% paremmin kuin alumiini tai muovi. Käytännössä tämä maila kestää siis pidempään kuin tavallinen maila.

On totta että tämä maila on hieman kalliimpi kuin halvat alumiinimailat, mutta kestävyys on paljon parempi. Tämä maksaa 50€ enemmän kuin alumiinimaila, mutta säästät lopulta 100€, jos tämä kestää vuodenkin pidempään (=hyöty) kuin alumiinimaila. Lisäksi maila ei hajoa ratkaisevalla hetkellä ja aiheuta pojallesi pisteen menetystä todella tärkeässä pelissä! (=tunne!)".

Tuotemyyntiä ei tule väheksyä, iso osa yksityis-asiakkaille tapahtuvasta myynnistä on juuri tuotemyyntiä. Hyvä tuotemyyjä on systemaattisesti myymälänsä parhaita myyjiä ja hänellä on laaja sekä uskollinen asiakaskunta.

Tuote- ja palvelumyynti

Tuotemyynti sopii verrattain yksinkertaiseen ja suoraviivaiseen myyntiin. Useimmiten kyseessä on asiakkaan suhteellisen nopean ja yksinkertaisen tarpeen tyydytys. Tuotemyynnin ongelmana on, että joku toinen tarjoaa useimmiten saman tuotteen halvemmalla. Edellisen esimerkin isä saattaa löytää kilpailevan tarjouksen samasta mailasta netistä tai naapurikaupasta "jos päättää ostaa sen nyt".

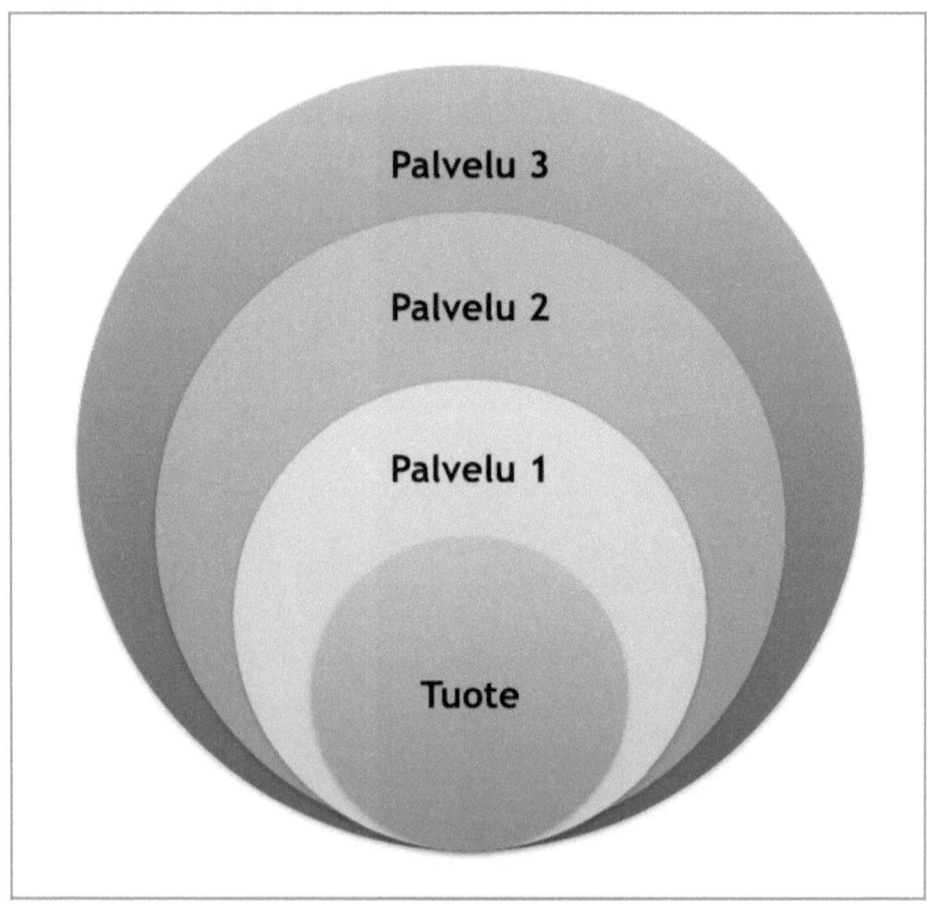

Kolmannen tason myyjä lisää tuotteeseen *palvelun*. Palvelu on tuotteeseen liittyvää työtä, joka on jossain vaiheessa tehtävä joka tapauksessa jossain vaiheessa: hissiin huolto tai tarkastus. Kopiokoneen huolto, paperin lisäys, kasettien vaihdot ym

Aikaisemman esimerkin myyjä oivaltaa, että isä tarvitsee mailan lisäksi säännöllisen jänteiden tarkastuksen sekä kiristyksen. Näin pojan maila on koko ajan huippukunnossa eikä pelisuoritus kärsi missään vaiheessa. Ostamalla mailan nyt, saa asiakas 20€:n lisähintaan vuosittaisen jänteiden tarkastuksen sekä huollon. Myyjäliike veloittaa lisänä vain mahdollisesti käytetyt osat.

Suomalainen teollisuus kohtasi kovan kansainvälisen kilpailun ensimmäisenä. Hissi-, laivamoottori-, kivenmurskain-, paperikone-, satamanosturi- ja kuormanosturiyritykset olivat ensimmäisten joukossa lisäämässä palveluita (huoltoa, ylläpitoa, valvontaa ym) tuotteidensa oheen. Tämä auttoi kovassa hintakilpailussa kansainvälisiä kilpailijoita vastaan. Lisäksi se toi liiketoiminnan ennakoitavuutta ja kannattavuutta.

Tuote- ja palvelumyynnissä ostaminen ja käyttäminen tehdään asiakkaalle mahdollisimman helpoksi. Kopiokonemyyjä ei myy vain kopiokonetta, vaan kokonaisvaltaista digitaalista dokumenttien hallintaa, joka pitää sisällään mm uuden kopiokoneen, rahoituksen, koneen ylläpidon ja huollon, vaihdon uuteen jne.

Asiakkaan ongelman ratkaisu

Tarjottu tuote ja palvelu eivät välttämättä riitä asiakkaalle, jolla on erityinen ongelma. Saattaa olla, että myyjällä ei yksinkertaisesti ole asiakkaan vaatimaa ratkaisua saatavilla. Tuolloin on ajanhukkaa kertoa omasta erinomaisuudesta, tuotteista ja palveluista, jos tarina sekä asiakkaan tarve ei kohtaa.

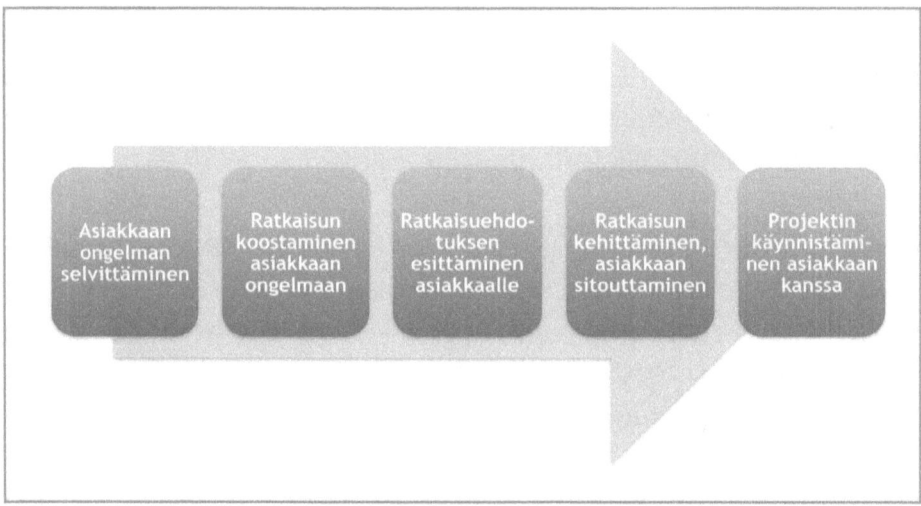

Toisen tason myyjä (asiakkaan ongelman ratkoja) kartoittaa asiakkaan nykytilan ja tahtotilan. Nykytilan ja tavoitetilan välissä on usein tekemätöntä työtä, ongelmia ja mahdollisuuksia.

Myyjällä ei voi olla ratkaisua ennen asiakkaan ongelman tai tahtotilan selvittämistä. Aiemmin esitelty Kuuden K:n malli tarjoaa jälleen hyvän mallin asiakkaan ongelman selvittämiseen. Myyjä selvittää ja kysele kunnes myyjä on ymmärtänyt syvällisesti asiakkaan ongelman ja tarpeen.

Tämän jälkeen huippumyyjä koostaa ratkaisun asiakkaan ongelmaan, tai pääsyyn kohti tavoitetilaa. Usein ratkaisu ei löydy yrityksen nykyisellä tekemisellä, prosesseilla tai politiikalla, vaan yrityksen on kehitettävä tekemistään, tuotteitaan, palveluitaan ja asennettaan. Ensimmäinen mahdollinen ratkaisuvaihtoehto on vain harvoin riittävä. Asiakkaan ongelman ratkaisu saattaa edellyttää yritykseltä täysin uutta tekemistä tai nykytekemisen kehittämistä.

Huippumyyjä kuuntelee yrityksensä osaajia rohkeasti yli organisaatiorajojen. Hän ei tarjoa aluksi omaa ratkaisuaan, vaan esittää yrityksen osaajille asiakkaan ongelman ja kuuntelee heidän ajatuksiaan kysellen ja kuunnellen (K6).

Kun myyjällä alkaa hahmottomaan ratkaisuvaihtoehto asiakkaan ongelmaan, esittää hän sen asiakkaalle uskottavasti, perustellen ja hyötykeskeisesti. Asiakas hyväksyy vain harvoin ratkaisun sellaisenaan, vaan ehdottaa muutoksia ja tuo esiin uusia näkökantoja. Huippumyyjä ottaa relevantit kommentit huomioon ja kehittää tarvittaessa ratkaisuaan edelleen. Kun asiakas esittää omia ajatuksiaan ja ratkaisujaan, alkaa hän myös itse omistautumaan ongelman ratkaisuun.

Viimeisessä vaiheessa kehitystyön tulokset esitetään asiakkaalle ja projekti käynnistetään yhdessä asiakkaan kanssa.

Asiakkaan liiketoiminnan kehittäminen

Kuten edellä totesimme, asiakas pystyy kuvaamaan vain *tiedostamiaan* ongelmia ja tahtotiloja. Ensimmäisen tason myyjä - asiakkaan liiketoiminnan kehittäjä - on alansa asiantuntija. Hän tietää teknologiat ja sen mihin suuntaan ala kehittyy. Hän on näkemyksellinen ratkaisumyyjä.

Ensimmäisen tason myyjä tuntee hyvin asiakkaidensa nykytekemisen ja tavoitteet. Hän tunnistaa alueet, joissa asiakas voi kehittää edelleen tekemistään, saavuttaa hyötyjä tai tehostaa toimintaansa.

Asiakkaan liiketoiminnan kehittäjä analysoi asiakkaan nykytilaa ja tavoitteita. Hän tuottaa uuden, usein yllättävän kehitys- ja ratkaisuvaihtoehdon asiakkaalle sekä auttaa asiakasta näin pääsemään kohti tavoitettaan.

Ratkaisuvaihtoehto säästää asiakkaalta rahaa, aikaa sekä kehittää tekemistä. Nämä kaikki on huippumyyjä laskenu ja

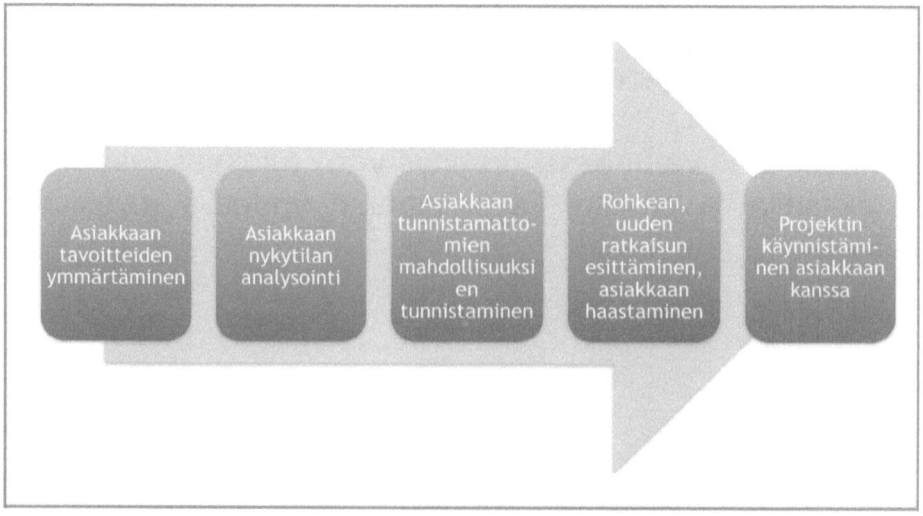

osaa esittää ne faktoihin nojautuen. Ratkaisu suoraviivaistaa asiakkaan prosessia ja tekemistä merkittävästi. Ratkaisu auttaa asiakasta saavuttamaan välitavoitteensa tai muutoin merkittävästi parantaa asiakkaan omien asiakkaiden palvelua.

Merkittävin ero toisen ja ensimmäisen tason myyjien välillä on se, että toisen tason myyjä ratkoo asiakkaan tunnistamia ongelmia kun ensimmäisen tason myyjä tuo esiin asiakkaan tunnistamattomia ongelmia. Asiakkaan kommentit saattavat olla aluksi epäuskoisen yllättyneitä ja jopa torjuvia: "Ei voi olla! Onkohan noin! Mitä muuta en tiedä! Kerro lisää!". Asiakas saattaa olla omalla mukavuusalueellaan liiketoiminnassaan ja kuullessaan uusia yllättäviä näkemyksiä, voi reaktiot olla torjuvia. Ongelmansa tunnistaneen asiakkaan kommentit myyjälle ovat usein: "kyllä, juuri niin, olet ymmärtänyt asian oikein. Paljon ratkaisu sinulla maksaa ja milloin sen saisit?".

Asiakkaan liiketoiminnan kehittämisessä on kolme kulmakiveä[12] ovat:
1. Asiakas oppii jotain uutta, joka kehittää hänen liiketoimintaansa
2. Viesti räätälöidään kuulijalle mukaan (talousjohtaja, toimitusjohtaja, myyntijohtaja jne)
3. Myyjä ottaa projektin rohkeasti haltuun ja tarjoutuu viemään se läpi

Viestin räätälöinti kuulijan mukaan on oleellista. Talousjohtajalle kerrotaan uuden ratkaisun käyttöpääomaa pienentävästä seuraamuksista, kassavirran paranemisesta

---

[12] The Challenger sales

ja kiinteiden kulujen pienentymisestä. Toimitusjohtajaa kiinnostaa edellä mainittujen lisäksi uudet kasvun mahdollisuudet, ketteryyden lisääminen, uuden oppiminen jne.

Kun asiakas on aluksi luonnollisesti epäileväinen, ottaa huippumyyjä projektin päättäväisesti haltuunsa. Hän haastaa asiakkaan kokeilemaan uutta ja lupaa viedä projektin kunnialla maaliin.

Edellämainittu saattaa kuulostaa ja tuntua yksinkertaiselta. Yllättävää on se, että moni huippumyyjä toimii itse tiedostamattaan edellä kuvatulla tavalla. Huippumyyjät ovat usein asiakkaiden luotettuja toiminnan kehittäjiä ja asiantuntijoita. He ovat rakentaneet luottamusta mahdollisesti jo pidemmän ajan. Asiakkaat luottavat heidän näkemyksiinsä ja osaamiseensa.

Näkemyksellinen ratkaisumyynti ei ole myyntikikka tai - tekniikka. Se on ennemminkin ajatusmalli, jossa myyjä asettuu aidosti asiakkaan asemaan ja miettii parasta mahdollista ratkaisua asiakkaan tarpeeseen. Asiakkaan asemaan asettuminen edellyttää myyjältä hyvää toimialan-, asiakkaan liiketoiminnan- sekä tavoitteiden tuntemusta. Ennen kaikkea se edellyttää kykyä ja halua nähdä asiakkaan ongelma uusin silmin, ilman myyjän oman yrityksen rajoitteita.

Usein myyjä toteaa ymmärtävänsä asiakkaan ongelman ja tunnistavansa ratkaisun avaimet, mutta toteaa ettei yritys pysty (=halua) ratkaista asiaa, tai että hänellä ei ole valtuuksia tehdä asiaan liittyviä päätöksiä. Toisaalta hän saattaa tarjota ratkaisuksi omaa vaihtoehtoaan kaikkiin asiakkaan erilaisiin tarpeisiin: kun kädessä on vasara, kaikki näyttää nauloilta.

Näkemyksellinen ratkaisumyyjä haluaa haastaa myös oman yrityksensä kyvykkyyden, luutuneet toimintaohjeet ja politiikat. Hän tietää että ratkaisu ei ainoastaan auta asiakasta, vaan avaa myös yritykselle mahdollisuuden oppia uutta ja kehittää tekemistään.

Vuorovaikutus asiakkaiden kanssa

"Kun kyvytön yrittää saada haluttoman tekemään tarpeettoman, on epäonnistumisen todennäköisyys suuri"

Johtamisesta on kirjoitettu kenties enemmän kirjoja kuin mistään muusta yritystoiminnan osa-alueesta. Johtamisen määritelmiäkin on lukuisia. Mielestäni hyvä johtaminen saa ihmiset tekemään innokkaasti sitä, mikä vie yritystä kohti sen omaa visiota.

Myyjiä johdetaan yksilöllisesti heidän nykyosaamisesta lähtien. Myyntijohtaja selvittääkin myyjien nykyosaaminen, yksilöllinen huippupotentiaalin sekä ohjaa heitä ottamaan käyttöönsä huippupotentiaaliaan.

Myyntijohdon merkitys yrityksen menestyksessä on ratkaiseva. Myynnin johdon kaksi tärkeintä tehtävää on määritellä tuloksellinen myynnin 1) toimintatapa (=systematiikka) ja 2) johtaa sovitun mukaista vuorovaikutusta/tekemistä kannustavasti.

Asiakkaiden kanssa käytävän vuorovaikutuksen kolme modernia osatekijää ovat aktiivisuus (=määrä), asiakaskeskeisyys (=suunta) ja ammattimaisuus (=laatu). Kannustavalla johtamisella luodaan energinen työilmapiiri, jossa myyjät haluavat, osaavat ja pystyvät parantamaan omaa tekemistään kohti huippupotentiaaliaan.

Laajan kokonaisuuden ymmärtämistä auttaa tekemistä ryhdissä pitävä **johtamisjärjestelmä**. Johtamisjärjestelmä tuo yhteen myynnin systematiikan sekä kannustavan myynnin johtamisen ja ohjaa siten myyjiä tuottamaan asiakkaille odotukset ylittäviä asiakaskokemuksia.

Kun systemaattisuus ja johtaminen ovat hyvällä tasolla, tietävät myyntitiimin jäsenet mitkä ovat myyntiyksikön tavoitteet. He tietävät millaisella systemaattisella ja laadukkaalla tekemisellä asetetut tavoitteet saavutetaan sekä mitkä ovat toiminnan menestystä kuvaavat mittarit. Myyjät tuntevat yrityksen johtamisen käytännöt (kehityskeskustelut, kaksinkeskeiset tapaamiset, palkinta, koulutus ym) ja milloin sekä miksi myyntiyksikkö kokoontuu yhteen. He tietävät kuinka kauan kokoukset kestävät, mitä mittareita kokouksissa seurataan, mistä keskustellaan ja mitkä ovat odotukset osallistujille.

Kun systemaattisuus ja kannustava johtaminen ovat alhaisella tasolla, on myyjien toiminta reaktiivista, satunnaista, epäjohdonmukaista, hapuilevaa ja selittelevää. Myyjät eivät tiedä mitä heiltä odotetaan, mitä heidän tulee tehdä tai miten menestys määritellään. Myyjät eivät tiedä

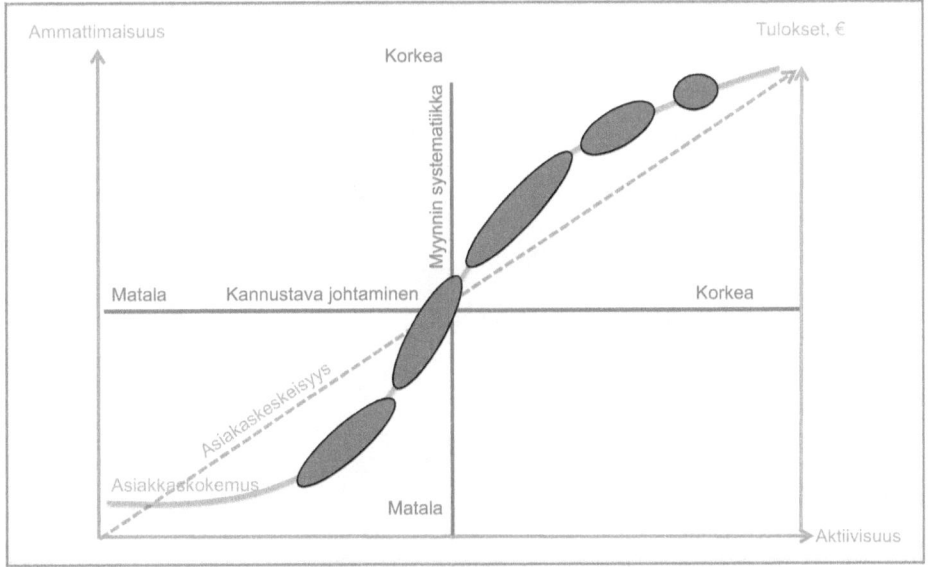

tavoitteitaan tai tuloksiaan. Tällaisessa ympäristössä eivät huippumyyjät viihdy. Myöskään yrityksen asiakkaat eivät saa odotuksia parempaa palvelua eikä yritys todennäköisesti ole kannattava.

Myynnin systematiikka: Sovittu tapa toimia

Mitä sitten on usein peräänkuulutettu ja joskus vaikeaksikin koettu myynnin systematiikka?

Systemaattisuus tarkoittaa sovittua tai järjestelmällistä toimintatapaa jonka toteuttamiseen myyntitiimin jäsenet omistautuvat. Omistautuminen tarkoittaa sitä, että tiimiläiset huolehtivat yhdessä siitä, että sovittua noudatetaan. Jokainen on oikeutettu ja velvoitettu kehumaan sekä ohjaamaan toisia.

Systemaattisuus on hyvä renki ja vaarallinen isäntä. Sovittu tekemisen taso tulee aluksi asettaa riittävän matalalle tasolle ja nostaa tasoa tiimiläisten innostuksen, osaamisen ja omistautumisen kasvaessa. Jo pienikin systemaattisuuden lisäys nostaa myyntiyksikön tekemisen tasoa ja sitä kautta myös tuloksellisuutta.

Yksinkertaisimmillaan myyntiyksikkö voi sopia vain yhden yhteisen asian jota kaikki sitoutuvat noudattamaan 100%. Jo tämä on hyvä alku systemaattisuuden nostamiseksi. Vastakohtaisesti voi myyntiyksikkö myös pitää päivien mittaisen työpajan, jossa luodaan yksityiskohtainen, arjesta etäännyttävä ja uuvuttava strategia joka lannistaa innostuksen sekä luovuuden.

Ennen kuin myyntiyksikkö lähtee sopimaan uutta yhteisestä tekemistä, on tärkeää käsitellä *miksi* jotakin tehdään. "Syyn" käsittely vähentää muutoksesta johtuvaa kitkaa (muutosvastarintaa) ja nopeuttaa haluttua muutosta. Kun ihminen tietää ja hyväksyy syyn jonkin tekemiselle, voi häneltä odottaa korkeampaa omistautumista tekemiselle.

Muutoksen läpiviemisessä on hyvä muistaa että muutoksessa aletaan tekemään jotain uutta tai uudella tavalla. Samalla jotain vanhaa tulee jättää tekemättä. Muutoksen läpivientiä helpottaa se, että muutos *sanallistetaan.* Esim:

"Vanha" tapa (mistä)	Uusi tapa (mihin)
Odottava, reaktiivinen	Tekevä, proaktiivinen
Asiakastieto myyjien vihoissa	Asiakastieto yhteisessä CRM:ssä
Satunnaisia asiakastapaamisia kun asiakas soittaa ja haluaa	Jokaisella myyjällä tavoitteet tapaamisille, seuranta kuukausittain
Kokoukset "tarpeen mukaan", ilman agendaa tai lopputulemaa	Säännölliset kokoukset, agenda, päätökset, yhteenveto
Pena tai Ulla hoitavat suurinta asiakasta, kumpi vain kerkiää	Pena vastaa suurimmasta asiakkaasta ja Ulla auttaa

Seuraavassa on listattu osa-alueita, jotka kuvaavat yrityksen myynnin systemaattisuuden tilaa. Jos vastaus suurimpaan osaa kysymyksistä on myönteinen, on systemaattisuus hyvällä tasolla. Jos vastaus on kielteinen tai sitä ei tiedetä, on systemaattisuus alhainen ja onnistuminen riippuu enemmän tuurista kuin tekemisestä.

Myyntiyksikön roolitus

- Roolit sekä tehtävät myyntiyksikössä on kuvattu selkokielellä ja myyjät tietävät roolinsa
- Myyjät tietävät asiakkaansa ja kuka vastaa mistäkin asiakkaasta
- Myyjät tietävät omat henkilökohtaiset myynti- ja katetavoitteensa
- Yrityksen muut yksiköt (markkinointi ym) tietää myynnin tavoitteet sekä tuntee asiakkaat

Mitä myydään, tuotteistus

- Yritys on tuotteistanut (konseptoinut) myytävät tuotteet sekä palvelut ymmärrettäväksi myydä ja asiakkaiden ostaa
- Myyjät tuntevat yrityksen tuotteet sekä palvelut ja heillä on käytössään riittävät tukimateriaalit asiakastapaamisiin
- Yritys hakee palautetta tuotteista ja palveluistaan asiakkailtaan sekä käyttää saatua palautetta tuotteiden kehittelyssä, palveluiden myynnissä ja markkinoinnissa

Kenelle myydään, asiakkaat

- Yritys on tunnistanut nykyiset ja potentiaalisia uusia asiakkaita ympäristöstään
- Yrityksellä on käytössään työkalu, josta löytyy tieto asiakkaista, henkilöistä, tekemisestä ja suunnitelmista ("CRM")

- Yritys käyttää jotain asiakkuuksien luokittelumallia, joka auttaa yritystä kohdentamaan resurssinsa ja tekemisen oikeisiin asiakkaisiin

Miten myydään, vuorovaikutus
- Myyjillä on riittävä perusosaaminen sopia tapaamisia asiakkaiden kanssa
- Myyjillä on riittävä osaaminen käydä ammattimaisia keskusteluja asiakkaiden kanssa; he ymmärtävät kysyä, kuunnella ja käydä dialogia asiakkaiden kanssa
- Myyjät tietävät asiakastapaamisten vaiheet ja ovat hyviä kommunikointitilanteissa
- Myyjät ymmärtävät asiakkaiden haasteet, tuovat näkemyksensä rohkeasti esiin ja osaavat kehittää asiakkaan liiketoimintaa
- Myyjät tietävät omat asiakastapaamistavoitteensa. Yrityksellä on käytössään jokin työkalu, jolla asiakastapaamisten määrää ja laatua seurataan säännöllisesti
- Myyjät tietävät mikä tekeminen johtaa toivottuihin tuloksiin
- Myyjät tuntevat tärkeimpien asiakkaidensa liiketoiminnan ja tavoitteet

Seuranta, tiimityö, johtaminen
- Tekemisen tuloksia seurataan sopivalla aikajaksolla; päivittäin, viikottain, kuukausittain
- Tulokset ovat kaikkien nähtävillä/saatavilla lähes reaaliajassa
- Tiimiläiset auttavat toisiaan ja antavat toisilleen rakentavaa palautetta
- Tiimin esimies rohkaisee tiimiläisiä nostamaan esiin epäkohtia, onnistumisia, epäonnistumisia

- Tiimissä vallitsee avoin luottamuksen ilmapiiri
- Myyntiyksikön kokouskäytännöt on sovittu etukäteen ja kalenteroitu ennakkoon

Monessa yrityksessä vallitsevat kokouskäytänteet ovat peräisin ajalta ennen internettiä, älypuhelimia ja tietokoneita. Usein sisäisiä tapaamisia on liikaa, ne kestävät liian pitkään, niissä käsitellään vääriä asioita ja paikalla on vääriä ihmisiä tai oikeat ihmiset puuttuvat. Pahimmillaan esimies käy läpi tuttuja lukuja sekä asioita, jotka ovat jo kaikkien tiedossa. Johtaja käy puuduttavaa monologia ja osallistujat nuokkuvat ja nyökyttelevät. Esimies saattaa kysellä yllättäviä asioita, joihin kuulijat eivät ole varautuneet.

Tiimin jäsenten on tiedettävä milloin, miksi ja kauan kokoustetaan. Selvää tulee myös olla onko kokous tiedonjakoa, keskustelua, suunnittelua vai ongelman ratkomista. Tapaamista osallistujien on tiedettävä miten hänen tulee valmistua tapaamiseen, mitä suurin piirtein odottaa tapaamisilta (agenda) ja kuinka kauan kokous kestää.

Ihmisille on turhauttavaa osallistua pitkiin ja junnaaviin kokouksiin, joissa käsiteltävät asiat pomppivat yllättäen ja epäloogisesti asiayhteydestä toiseen.

Turhauttavinta ihmisille on kuulla tekevänsä riittämätöntä työtä, jos johdolla ei ole mittareita asian todentamiseen. Johto voi myös vaatia ja edellyttää tekemistä, jonka tukemiseksi ei ole antaa tukea tai työkaluja.

Edellä mainittu lista ei ole tyhjentävä tai automaattinen kaava menestykseen. Se on ennemminkin lista asioita joista on hyvä lähteä liikkeelle. Myyntiyksikön nykytilan arvioinnissa ei kannata huijata itseään tai tiimiläisiä, vaan kannattaa olla riittävän rehellinen itselleen tiimin nykytekemisen tasosta.

Kuten todettu, systemaattisuus on hyvä renki mutta huono isäntä. Sovitun tekemisen kannattaa asettaa riittävän matalalle tasolle ja varmistaa kaikkien omistautuminen tekemiseen. Yksikin yhdessä sovittu tekeminen on parempi kuin ei yhtään.

Myyntiyksikön organisoituminen

"Kukaan ei ole täydellinen, mutta tiimi voi olla!"[13]

Organisaatiosta ja organisoitumisesta on kirjoitettu tuhansia kirjoja. Jaan tässä kokemuksiani toimiviksi havaitsemistani organisoitumistavoista.

Myyntiyksikkö voi organisoitua monella eri tavalla:
- Yrityksen tuottamien tuotteiden tai palveluiden perusteella ("tuoteryhmä A", "tuoteryhmä B" jne)
- Maantieteellisesti ("Etelä-Suomi", "Keski-Suomi" jne)
- Projekteittain ("tarjous A", "tarjous B jne)
- Asiakkaittain ("asiakas A", "asiakas B" jne)

Jos yrityksellä on yksi asiakas ja yksi tuote, on organisoituminen helppoa. Pena myy tuotetta A asiakkaalle N. Kun asiakkaita tulee lisää, voinee Pena hoitaa myös ne tiettyyn rajaan asti. Tämän jälkeen Penan avuksi voidaan palkata Kati. Kati voi alkaa itse hoitamaan asiakkaita tai auttaa Penaa tietyissä tehtävissä (roolitus).

Tuotteiden, asiakasmäärän ja asiakkaiden maantieteellisen peiton kasvaessa saadaan organisoitumista miettiä tarkemmin. Asiakkaan kasvaessa pohjoiseen voi Pena edelleen hoitaa asiakkaan asioita koko Suomessa. Pena on tuolloin asiakasvastaava, joka vastaa asiakkaan toiminnasta, asiakastyytyväisyydestä ja tuloksesta.

Asiakas voi alkaa ostamaan yritykseltä myös muita tuotteita, joiden osaaja Pena ei ole. Penaa tällöin voi auttaa

---

13 Meredith Belbin

Jussi. Asiakkaalle kerrotaan että Pena vastaa asiakkuudesta, apunaan mm Jussi. Asiakasta palvelee asiakkuustiimi, jossa on edustajia tarpeen mukaan eri aloilta. Näin varmistetaan että asiakas saa ensiluokkaista palvelua ja yrityksen osaamisen käyttöönsä.

Pena voi kutsua asiakkuustiimiin kenet vain hän kokee tuovan lisäarvoa asiakastyöhön. Yrityksen omistaja, toimitusjohtaja, logistiikkajohtaja, myyntijohtaja tai muu johdon edustaja auttaa pyyteettömästi Penaa ja muita myyjiä asiakassuhteiden hoidossa. Johtajat kysyvätkin usein Penalta ja muilta myyjiltä, miten he voivat auttaa myyjiä vaativassa asiakastyössä. Lisäksi he varmistavat että myyjillä on kaikki tarvitsemansa huipputyökalut käytössään, asiakastyytyväisyys kasvaa ja pysyy korkealla tasolla.

Toimivin organisoituminen tapahtuu asiakaskeskeisesti, asiakkaan on oltava yrityksen tekemisen keskiössä.

Oikeat ihmiset oikeisiin rooleihin

Myyntityö on yrityksen vaativimpia tehtäviä. Myyntiyksikköön pääsee vain parhaat ja sopivimmat henkilöt. Menestyksekäs myyjän työ edellyttää tietoa, taitoa ja ennenkaikkea tahtoa toimia myyntitehtävässä.

Ensimmäinen myynnin mullistus perustui siis oivallukseen että tuloksellisuutta voidaan kasvattaa kun tiimin roolitusta täsmennetään. Kaikkien ei tarvitse tehdä samaa, vaan ihmiset voivat erikoistua osaamisaluilleen.

Tosisasia on, että myyntitiimi koostuu yksilöistä ja persoonallisuuksista jotka ajattelevat asioista eri tavalla. Yksinkertainen ja yleisesti käytetty persoonallisuusluokittelu on DISC-luokittelu. Se siis pyrkii ennustamaan ihmisen käyttäytymistä hänelle tyypillisellä tavalla. DISC-mallissa on neljä pääryhmään:

- D (dominance, "hallitseva")
- I (inducement, "vaikuttava")
- S (submission, "vakaa")
- C (compliance, "analyyttinen")

Perusajatus on, että ihmisellä on usein yksi hallitseva, luontainen tapa toimia ja toinen tukeva sekä auttava toimintatapa. Saattaa olla huono ratkaisu laittaa analyyttinen henkilö myyntitehtävään, jossa tarvitaan runsaasti asiakastapaamisia ja paljon "määrää". Analyyttinen henkilö saattaa olla parempi henkilö paneutumaan esim vaativaan tarjouspyyntöön tai asiakkaan ongelman selvittämiseen.

DISC-testi on yksinkertainen, edullinen ja nopea tehdä myyntitiimille. Tätä kautta tiimin jäsen saa hyvää tietoa omasta tyypillisestä käyttäytymisestään ja myös muiden tiimiläisten tyypillisestä tavasta ajatella sekä toimia. Myös myyntijohtaja saa paremman käsityksen tiimiläisen tavasta toimia. Uutta ulottuvuutta saadaan kun myyntitiimi pohtii samoin asiakkaistaan. Millaisia motivaattoreita heillä on ja mikä saattaisi olla asiakkaan tyypillinen käyttäytyminen?

Myyntiyksikön tekemistä roolitettaessa on virhe ajatella myyntitiimin jäseniä robotteina, jotka kaikki kykenevät ja haluavat tehdä täysin samoja asioita. Myyntijohdolla saattaa myös olla houkutus ajatella että kaikilla myyjillä on oltava täysin samat tavoitteet tekemiselle.

Myyjien roolitus heidän persoonallisten piirteiden perusteella on mielestäni keskeistä myyntiyksikön kehittämisessä ja tuloksellisuudessa. Myyjien roolituksessa otetaan huomioon henkilön persoonallisuus, kyvyt ja haluttu asiakaskokemus. Kaikki eivät luonnostaan ole "hyökkääjiä" ja on pitkällä tähtäimellä kaikkien edun vastaista roolittaa aktiivista tekemistä edellyttävään asiakastyöhön henkilö, joka persoonallisten piirteidensä mukaan on enemmän myynnin tukihenkilö.

Myynnin ajoitus ja rytmitys

"Kiire ei synny itsestään, vaan se synnytetään"

Eräät myyntitekniikat perustuvat asiakkaan ostosykliin. Tämä tarkoittaa sitä, että asiakkaan ostoikkunan koetaan tai tiedetään olevan auki tiettyinä ajankohtina jolloin onnistumisen mahdollisuus koetaan olevan parempi kuin muulloin.

Tämä saattaa hyvinkin pitää paikkansa jollain toimialoilla. Sykliä vastaan taistelu saattaa olla työlästä ja kallista. Itse uskon että asiakkaan ostoikkuna on auki jatkuvasti. Asiakas hakee kokoajan tietoa markkinoilta keinoista joilla voi parantaa omaa suorituskykyään. Asiakkaat seuraavat markkinaa ja hakevat jatkuvasti tietoa markkinoilla toimivista yrityksistä, teknologioista ja trendeistä tavoitteenaan tehostaa asiakkaan omaa tekemistään.

Kun kokenut myyntijohtaja kuulee myyjän sanovan "asiakas ei nyt osta, koska on juuri kilpailuttanut toimittajan", tietää hän heti ohjata myyjän (ja itsensä) tapaamaan ko asiakasta miksi hän päätyi valittuun toimittajaan ja voisiko yrityksillä olla mahdollisuuksia oppia tulevan varalle.

Myyntiyksikön arki on useimmiten kiireinen. Arki täyttyy tekemisestä helposti. Jossain organisaatiossa on jatkuva kiireen tuntu; ihmiset ovat kiireisiä, asiakkaat ovat kiireisiä ja johto on kiireinen.

On hyvä tiedostaa että kiire ei synny itsestään, vaan useimmiten se synnytetään itse. Suomalaisessa työkulttuurissa tehtävät useimmiten tulevat hoidetuksi annetussa ajassa. Jatkuva kiireen päivittely on joko osa itsepuolustusmekanismia, jolla ihmiset korostavat omaa tarpeellisuuttaan tai viesti mukavuusalueella olosta.

Tehokas työkalu kiirettä vastaan on kalenteri. Kalenterissa yhdistyvät tehokkaan suunnittelun osatekijät aika, paikka ja ihmiset. Kalenterimerkinnässä tulee lisäksi olla tilaisuudessa tarkoitus, käsiteltävät asiat ja vaikka vielä hahmotelma tilaisuuden lopputulemasta.

Kalenterin käytöstä tulee sopia yhteisesti ja varmistaa että kaikki sitoutuvat sen käyttämiseen. Kalenteri on myös tehokas työkalu antamaan itselleen tai tiimiläisille aikaa keskittyä asioihin. Kun myyjien tulee viikon aikana kontaktoida uusia asiakkaita, eikä asiaa ole kalenteroitu, on suuri todennäköisyys, että kontaktointi ei tapahdu - arki täyttyy helposti muista "tärkeimmistä" mukavuusalueen tekemisistä.

Tehokkaat myyntiorganisaatiot ja huippumyyjät jaksottavat työviikon osiin. Yksinkertaisimmillaan viikossa on viisi eri jaksoa: ma, ti, ke, to ja pe. Jokaiselle päivälle voi olla oma teemansa: maanantaina palaverit, tiistaina tapaamisten sopimista ja tapaamisia, keskiviikkona asiakastapaamisia, torstaina tarjousten tekoa sekä peräämistä ja perjantaina tarjousten tekoa sekä muita asioita.

	Ma	Ti	Ke	To	Pe
8-9	Asiakasti etojen päivitys, omaa tekemistä	Asiakasta- paamisten sopimista	Konttoriru -tiineja	Konttoriru -tiineja	Konttoriru -tiineja
9-12	Sisäiset palaverit	Asiakasta- paamisia		Tarjousty ös- kentelyä	Sisäiset palaverit
12-1 7	Tarjousty ös- kentelyä	Asiakasta- paamisia	Asiakasta -paamisia		Seuraava an viikkoon valmistau -tumista

Jotkut yritykset jakavat työviikon kymmeneen eri osaan. Kokemukseni mukaan organisaatiossa vallitseva kiireen tuntu ei riipu jaksoista. Kiire ei synny käytetystä mallista, vaan kiire synnytetään itse.

Viikon rytmittäminen osiin on teoriassa helppoa, mutta sen noudattaminen ja systemaattinen käyttäminen on vaikeaa. Rytmityksen tulee olla myyntiyksikön yhteinen asia. Myyntiyksikön viikko voi esim alkaa jollakin yhteiselle tekemisellä, rutiinilla, kokoontumisella tai muulla sovitulla rituaalilla. Viikko voidaan myös päättää yhteiseen "rituaaliin".

Kuukauden rytmittäminen voi tapahtua asiakkaiden hoitosuunnitelmien mukaan, jokaiselle kuukaudelle nimetään oma teema aikaisemmin käsitellyt hoitosuunnitelman mukaan. Kuukausien jaksottamisessa ja teemoissa on tärkeää tunnistaa asiakkaan oma rytmi.

Milloin asiakas ostaa mitäkin, millaisella nopeudella päätöksiä tehdään ja kuinka nopeasti asioita viedään eteenpäin.

Kannustava myynnin johtaminen

"Vihatkoon, kunhan pelkäävät"[14]

Johtamiskulttuuri Suomessa on kovimmassa muutoksessa kuin koskaan aikaisemmin. Kokemukseni mukaan erityisesti suomalaista johtamiskulttuuria leimaa seuraavat kolme ilmiötä.

Ensimmäinen on armeijassa opitut johtamismallit, mielikuva esimiehestä ja sukupolvelta toiselle periytyvät sanonnat sekä uskomukset. "Ei saa jäädä tuleen makaamaan!", "liike on tärkeintä!", "hiki säästää verta", "taakse poistu". Tässä johtamismallissa elää vahvana käsitys siitä, että johtaja/esimies on oikeassa ja sanoo aina viimeisen sanan. Esimiehen tulee olla kova, hän ei saa tunteilla tai näyttää omia tunteitaan. Organisaation tuoma asema ja titteli on riittävä oikeutus sekä auktoriteetti johtamiselle.

Toinen erityisesti suomalaista johtamista leimaava ilmiö on tietyn persoonallisuustyypin ("insinöörin") runsas osuus suomalaisten yritysten johdossa. Insinööri saattaa keskittyä tekemisen prosessiin (vaiheistukseen) ja sen jälkeen laittaa koneen (yrityksen) toimimaan. Ajattelumallin uhkana on nähdä ihmiset osana konetta, jotka suorittavat sille annettua tehtävää ja jotka ovat tarpeen tullen helposti korvattavissa toisilla ihmisillä.

Kolmas johtamista leimaava ilmiö on meneillään oleva sukupolven vaihdos. Nuoret, kansainväliset, osaavat ja innostuneet nuoret haastavat totuttua ja perinteistä

---

[14] Caligula (12–41 jKr)

johtamistapaa. Nuoret ovat tottuneet esikoulusta asti saamaan ja antamaan palautetta. He kyseenalaistavat totuttuja menetelmiä ja haastavat oudoilta tuntuvia rutiineja sekä toimintaohjeita. He kaipaavat kannustusta, innostusta, palautetta ja vierastavat perinteistä autoritääristä sekä epäkohtiin keskittyvää johtamista.

Johtamisen merkitystä korostetaan enemmän kuin koskaan. Joskus kuulee sanottavan, että johtaminen on ratkaisu kaikkeen. Näyttää, että esimiehestä on tullut tämän vuosisadan jumala, jolla on ratkaisu kaikkeen[15].

Joillekin esimiehille saattaa muodostua kuva, että hänen tulee johtaa kokoajan jokaista. Hänen odotetaan puuttuvan jokaiseen asiaan ja esimies saattaa kokea olevansa hyödytön jollei koko ajan ole täysin perillä kaikesta mitä yrityksessä tapahtuu. Kutsun ilmiötä ylijohtamiseksi.

Ylijohtaminen on pahimmillaan sitä että johdettavien työrauha häiriintyy ja tuloksellinen tekeminen muuttuu ahdistuneeksi läsnäoloksi työpaikalla. Esimies on jatkuvasti tiimiläisten kimpussa jakamassa neuvojaan, eikä osaa jättää tiimiläiselle aikaa ja tilaa ajatella ja kehittyä. Menestyvät ihmiset tarvitsevat työrauhan tuottavaan tekemiseen.

Tutkimukset kertovat, että tavoitteet usein saavuttavissa organisaatiossa kannustavan ja positiivisen palautteen suhde negatiiviseen palautteeseen on moninkertainen. Motivoivinta ihmisille on saada kannustavaa palautetta. Ironista on, että negatiivisen palautteen saaminen on

---

[15] Jim Collins

toiseksi kannustavinta. Esimiehen mykkäkoulu ja palautteen kokonaan saamatta jääminen ovat vähiten motivoivaa.

Tavoitteet laadukkaaksi tekemiseksi

Myynnin johdon tehtävä lopulta on, yhdessä tiiminsä kanssa, saavuttaa hänelle annetut tavoitteet. Tämän saavuttaakseen tulee myynnin kääntää myyntiyksikölle asetetut tavoitteet systemaattiseksi, laadukkaaksi ja tolkulliseksi tekemiseksi.

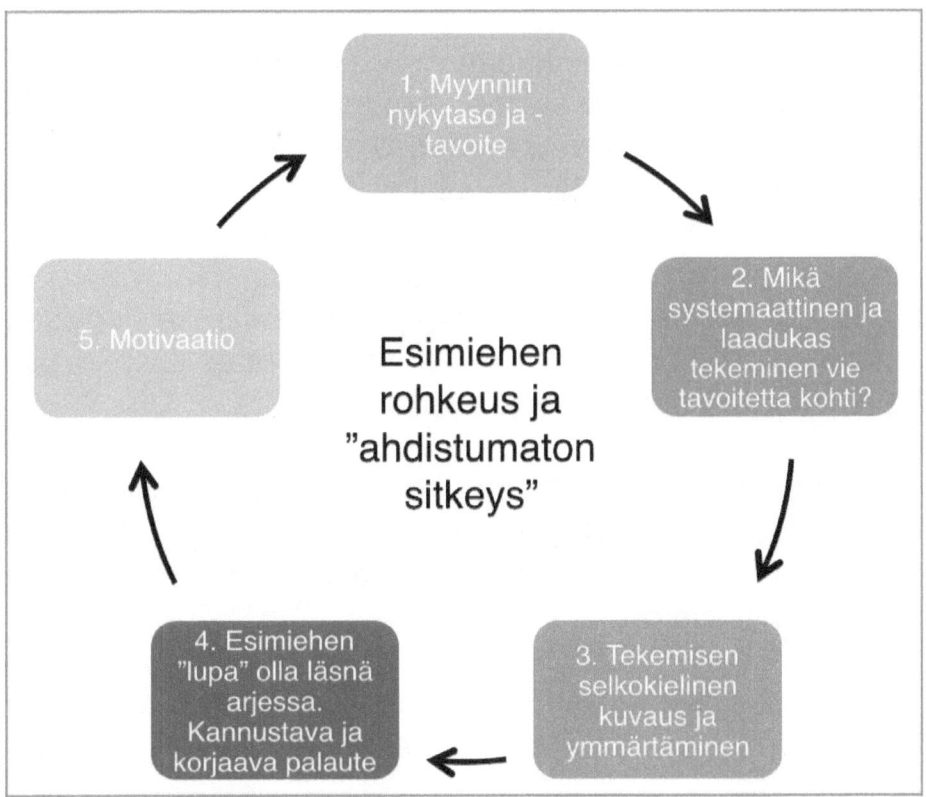

Myyntijohtajan tärkein kysymys itselleen ja tiimilleen onkin: mikä aktiivinen, systemaattinen ja laadukas tekeminen vie meitä kohti tavoitteita. Millaista aktiivista tekemistä tavoitteiden saavuttaminen edellyttää.

Ensimmäinen henkilö, jota johtajan on opittava johtamaan, on hän itse. Jos johtaja ei osaa johtaa itseään, on epätodennäköistä että hän osaisi johtaa muitakaan.

Itsensä johtaminen pitää sisällään tavoitteiden asettamista itselleen, tavoitteet saavuttavan tekemisen määritteleminen, rehellisyyttä ja oikeanlaista itsekuria. Lyhyesti sanottuna hyvä johtaja on sellainen esimerkki muille, johon tiimiläiset voivat samaistua ja jonka oma tekeminen on sopusoinnussa puheidensa kanssa.

Esimiehellä voi olla apunaan *itsensä johtamisjärjestelmä*. Siinä hän määrittää oman toimintansa. Kuten edellä totesimme, perustuu ihmisten kanssa toimiminen ja johtaminen perimmiltään arvoihin. Johtajan arvoja voivat olla oikeudenmukaisuus, ahkeruus, avoimuus, ennakkoluulottomuus, rohkeus yms. Nämä arvot muodostavat perustan itsensäjohtamiselle ja johtajan omalle toiminnalle. Kun johtaja osaa johtaa itseään, on hänellä hyvät edellytykset johtaa myös muita.

Tavoitteet saavuttava tekeminen alkaa nykytekemisestä; sen tasosta ja osaamisesta. Ihminen ei voi jatkaa matkaansa mistään muusta lähtökohdasta kuin siitä, missä hän juuri nyt itse on.

Tiimillä tulee olla selvä, mitattava ja saavutettavissa oleva tavoite. Usein myynnin tavoite on myynnin-, kannattavuuden- ja/tai asiakkaiden lukumäärän kasvattaminen.

Tavoitteet eivät luonnollisestikaan voi olla ristiriidassa keskenään. Joskus johdolla saattaa olla houkutus asettaa tavoitteita joiden saavuttaminen saattaa monesta myyjästä vaikuttaa ristiriitaiselta. Selkeitä ja mitattavia tavoitteita tulee olla 1-3.

"Mikä ahkera, systemaattinen ja laadullinen tekeminen vie meitä tavoitetta kohti", on jokaisen myyntitiimin

---

Yrityksen myyntiyksikön tavoitteet 2019
Nostaa Suomen yksikön myyntiä 15% vs 2018. Myyntitavoite 2019 on 11,5M€. Toinen tavoite on parantaa asiakastyytyväisyyttä (NPS) 30=>35, mittaus marraskuussa 2019

Kuvaus kaikilta odotetusta tekemisestä
Työviikko alkaa maanantaisin klo 8:30 mennessä. Tuolloin jokainen myyjä on varmistanut, että hänen asiakkaidensa tiedot ovat (crm) järjestelmässä ajan tasalla: tapaamiset, tehdyt tarjoukset, perätyt tarjoukset, tilauskanta, asiakkaiden henkilötiedot. Klo 9:00-9:15 pidetään lyhyt puhelinpalaveri, jossa käydään läpi alkaneen viikon asiakastapaamiset ja tärkeimmät asiat. Maanantain aikana pidetään sisäiset kokoukset.

Jokainen myyjä tapaa viikon aikana min 5 asiakasta, joista min 1 on uusi asiakas. Tavoitteet tapaamisten lukumäärille ovat henkilökohtaisia, toisilla voi olla enemmän tapaamisia kuin toisilla. Tapaamiset hoidetaan pääsääntöisesti tiistain ja torstain välisenä aikana. Tapaamiset viedään läpi sovitun mallin mukaan. Myyjä sopii itse tapaamiset asiakkaiden kanssa. Myyntipäällikkö jakaa uudet, kontaktoivat asiakkaat maanantaisin ennen klo 9:00 crm-järjestelmän kautta, avoimina tehtävinä.

Perjantaina klo 14:00-14:15 pidetään neuvottelupuhelu, jossa käydään läpi myyjittäin viikon aikana tehdyt tarjoukset ja sekä tuliko tapaamisissa ilmi jotain erityistä, joka kaikkien on tiedettävä.

Viikko päätetään hyvään fiilikseen.

---

onnistumisen kannalta keskeinen kysymys. Hyvä esimies osallistaa tiimiläisensä asian pohtimiseen, eikä itse kerro heti oikeita vastauksia tiimiläisilleen.

Pohdintaan tulee suhtautua riittävällä ammattimaisuudella, sillä siinä luodaan tekemisen ja vuorovaikuksen perustaa sekä myynnin kulttuuria.

Kun tavoitteet saavuttava tekeminen alkaa selkiytymään, kirjoitetaan se selkokielellä ylös. Kuvaus ei saa olla pidempi kuin puoli sivua A4-arkkia pistekoolla 12 kirjoitettuna[16]. On tärkeä varmistaa, että kaikki ymmärtävät tekstin.

Yllä kuvitteellisen myyntiyksikön tekemisen kuvaus. Tiimi esimiehen johdolla on tullut siihen tulokseen, että aktiivinen asiakkaiden tapaaminen (nykyisiä ja uusia) vie kohti tavoitteita.

Seuraavaksi esimies pyytää tiimiläisiltään "luvan" sovitun tekemisen valvomiseen ja läsnäoloon myyjien arjessa. Hän myös pyytää luvan puuttua tekemiseen, kun havaitsee selkeitä poikkeamia sovitusta. Hän myös kannustaa tiimiläisiään antamaan kannustavaa ja ohjaavaa palautetta toisilleen sekä itselleen. Käytännössä tämä tarkoittaa kehuja hyvistä suorituksista ja korjaavaa sekä kannustavaa palautetta puutteellisista suorituksista.

Myyntijohtajan johdolla tiimi alkaa toteuttamaan lupaustaan. Arjen kiireessä työpajojen lupaukset usein unohtuvat. Keskiössä on tiimiläisten (ei vain esimiehen) rohkeus ja tahto toteuttaa sovittua. Motivoivinta ihmisille on saada

---

[16] Ken Blanchard and Spencer Johnson: The One Minute Manager

positiivista palautetta työstään ja tunnustusta tekemisestä. Ihminen kaipaa huomiota, ryhmään kuulumista ja palautetta. Huomioitu, kuultu ja nähty ihminen motivoituu ja motivoitunut ihminen pääsee suuremmalla todennäköisyydellä tavoitteeseensa kuin "unohdettu" ihminen.

Edellämainittu on kannustavan myynnin johtamisen perusta. Siinä selkiytetään kaikille millaista tekemistä odotetaan, saadaan lupa olla läsnä arjessa, saadaan lupa antaa palautetta ja rakennetaan ihmisten motivaatiota.

Ohjaa tiimiläisiä käyttämään potentiaaliaan

Esimiehen tehtävä on ohjata tiimiläisiään käyttämään potentiaaliaan. Myyntijohtajalla on usein houkutus ajatella ihmisiään robotteina, jotka kaikki kykenevät ja haluavat tehdä samoja asioita viikon aikana tai henkilöinä joilta kaikilta tulee odottaa samaa suoritustasoa.

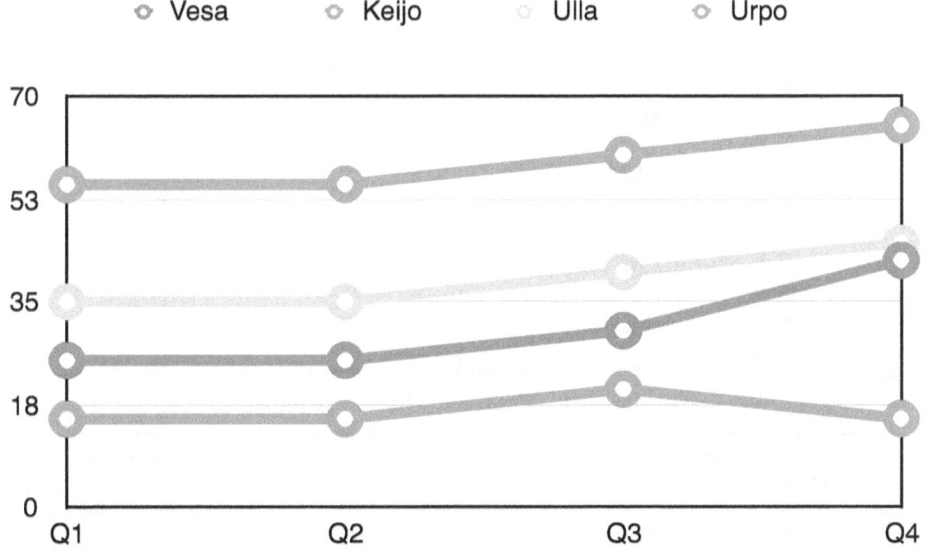

Todellisuudessa ihmisillä kaikilla on erilaiset lähtökohdat, mahdollisuudet, suoritustasot ja potentiaali. Uuden, juuri valitun myyntimiehen on turha odottaa myyvät yhtä paljon heti aluksi kuin firman kokenein ja osaavin myyjä.

Kokeneilla ja osaavilla myyjillä tulee olla suurempi osuus tavoitteesta kuin vasta-alkajilla. Osa myyjistä voidaan roolittaa tapaamaan enemmän asiakkaita toisten keskittyessä auttamaan asiakaslupausten lunastamiseen.

Toisaalta uuden juuri valitus myyjän tulee todennäköisesti tavata enemmän uusia asiakkaita kuin kokeneempien jo oman asiakaskuntansa luoneiden konkareiden.

Kun myyntiyksikön tavoite on nostaa myyntiä 10% edelliseen vuoteen, on varminta jos jokainen nostaa omaa myyntiään, kuin että kasvu on vain muutaman myyjän asiakkaan varassa. Esimerkin myyjät nostavat kaikki

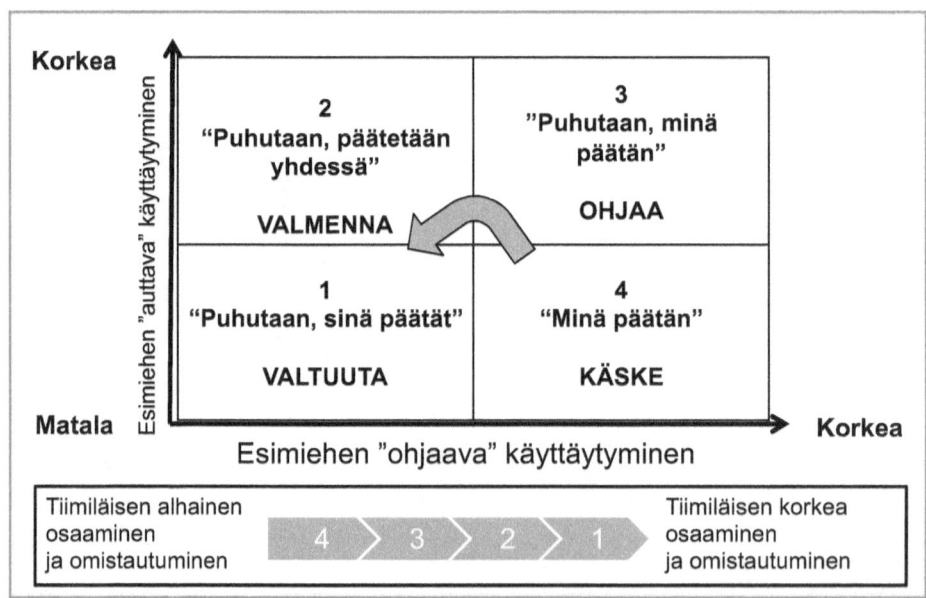

myyntiään pl Urpo. Osaava myyntijohtaja tunnistaa oikeassa vauhdissa olevat myyjät. Urpon kanssa tulee selvittää juurisyitä ja aitoja faktoja muista poikkeavalle trendille.

Myös Vesan trendi poikkeaa muista. Hänenkin kanssaan on hyvä käydä faktoja läpi, mistä muita suotuisampi trendi saattaa johtua.

Tiimiläisten potentiaalin käyttöönotossa oleellista on tunnistaa tiimiläisen lähtötaso ja todennäköinen maksimitaso. Havaittavina tekijöinä ovat tiimiläisen tieto, taito ja tahto, jotka usein ilmentyvät osaamisena ja omistautumisena yrityksen tavoitteisiin sekä tekemiseen.

Tiimiläisille, joilla on alhainen osaaminen ja omistautuminen yhteiseen tekemiseen, tulee esimiehen johtamistavan olla hyvin suora. Käytännössä tämä tarkoittaa sitä, että esimies tekee useimmat päätökset ja varmistaa että henkilö toteuttaa ohjeita

Esimiehen tulee myös varmistaa, että henkilö lähtee kehittymään oikeaan suuntaan, eli esimiehen tulee ohjata työntekijä tielle, jolla hänen osaamisensa ja omistautumisensa yhteiseen tekemiseen alkaa kasvamaan.

Omistautumisen ja osaamisen kasvaessa, myös esimies muuttaa johtamiskäyttäytymistään suhteessa henkilöön. Aikaisempi käskevä johtamistapa muuttuu keskustelevammaksi. Esimies keskustelee ja kuuntelee henkilön ajatuksia, mutta varaa silti itselleen päätäntävallan.

Edelleen esimiehen tulee huolehtia tiimiläisen osaamisen ja omistautumisen kehittymisestä. Seuraavassa vaiheessa esimies valmentaa tiimiläistään, asiasta puhutaan ja päätös syntyy yhteisen pohdinnan tuloksena. Tiimiläinen on vahvasti mukana päätöksessä ja omistautuminen on korkeampaa.

Lopulta voidaan olla tilanteessa, jossa tiimiläisen osaaminen ja omistautuminen ovat niin korkealla tasolla, että esimies voi valtuuttaa tiimiläisen tekemään päätöksen asiasta. Päätöstä edeltää keskustelu, jossa asiaa pohditaan monelta eri puolelta ja jonka aikana molempien osaaminen asiasta kasvaa edelleen.

Mielestäni edellä mainitun ymmärtäminen on paras keino välttyä *ylijohtamiselta*. Esimies tunnistaa tiimiläistensä osaamisen ja omistautumisen eikä pyri itse tekemään päätöstä kaikissa asioissa. Kaikesta päättävä esimies saattaa karkottaa ympäriltään kyvykkäät ihmiset.

Johtamisen ja esimiehenä toimimisen hienoimpia asioita on kehittää yksilöitä kohti omaa huippupotentiaaliaan.

Haasta ja tue tiimiläistä

Myyntijohtaja johtaa yksilöitä ollen läsnä tiimiläistensä arjessa. Hän elää samassa todellisuudessa tiimiläisten kanssa ja jakaa ymmärryksen arjesta, haasteista ja mahdollisuuksista. Myyntijohtajalle muodostuukin ajanmittaan käsitys/tunne tiimiläistensä vallitsevasta tunnealueesta.

Tunnealueita on neljä. Kun myyjä on rentoutuneen pitkästynyt, on hän omalla "parkkipaikallaan". Alueen toinen nimi oli mukavuusalue. Siinä on hyvä odotella ja kerätä voimia tulevaa mahdollista tehtävää tai haastetta. Kokenut myyntijohtaja tunnistaa kun myyjän parkkipaikalla olo venähtää liian pitkäksi.

Parkkipaikka-alueen vastakohta on stressi-alue. Se saattaa syntyä kun innostavaa tekemistä on liikaa. Ennen pitkää liika tekeminen uuvuttaa ja päällimmäiseksi tunteeksi muodostuu väsymys. Lyhytaikainen oleskelu stressialueella ei ole vaarallista, mutta pitkittyessään tunnealue saattaa muuttua masennukseksi ja täydelliseksi voimattomuuden tunteeksi. Tämä alue pitkään vietettynä on tuhoisaa.

Paras ja tehokkain alue on luonnollisesti suorituskyky-alue. Siellä olevat ihmiset ovat rentoutuneen innostuneita. Asiat sujuvat ja tuloksia tulee. Vastoinkäymisiä luonnollisesti on, mutta niistä selvitään kohtaamalla ne analyyttisesti, kiihkotta ja ammattimaisesti.

Vuorovaikutustilanteissa tiimiläisten kanssa, on esimiehen hyvä tunnistaa työntekijän tunnetila. Kun tunnetila on "suorituskyky"-alueella, vaikeatkin asiat onnistuvat. Stressi-alueella ei yksinkertaisetkaan asiat etene.

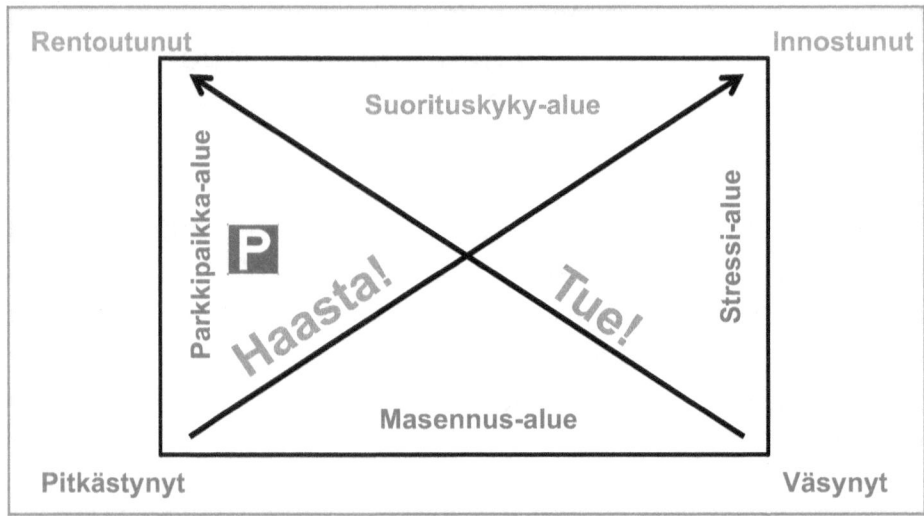

Esimiehellä on kaksi tapaa ohjata ihmisiä siirtymään alueelta toiselle; haastaminen ja tukeminen. Parkkipaikalla olevaa myyjää tulee haastaa. On mahdollista että työ sujuu kuin itsestään eikä sinänsä tarjoa suuria haasteita. Tuolloin on lisähaasteiden aika. Henkilöä tulee haastaa ottamaan vastaan haasteita. Päätarkoitus on luonnollisesti ohjata henkilö pois parkkipaikalta kohti uutta innostunutta tekemistä.

Stressaantunutta tai masentunutta henkilöä ei haasteta, vaan heitä tuetaan. Tällöin prioroidaan yhdessä usein lukuisia avoimia tehtäviä sillä lisähaastaminen saattaisi johtaa lopulliseen romahtamiseen. Tärkeä tukemisen muoto on juuri priorisointi. Tuolloin asetetaan yhdessä projektit ja tekeminen tärkeysjärjestykseen. Siten varmistetaan että ylikuormitettu henkilö voi keskittää voimat yhdessä sovittuhin, tärkeimpiin tehtäviin. Niiden tultua valmiiksi siirtyä listalla seuraaviin.

Esimiehen tulee tunnistaa ihmisten tunnetilat ja osata ohjata heitä kohti suorituskyky-aluetta. Yksinkertaiselta tuntuva asia ei kuitenkaan aina ole helppoa. Tärkeää on oppia tuntemaan ihmiset ja heidän syvimmät tunnetilat ja motivaattorit ja tähän johtajan tulee kohdata, kysellä, kuunnella ja muodostaa kuva henkilöstä yksilönä.

Johtamisjärjestelmä pitää tekemisen ryhdin yllä

Myyntijohdon omaa systematiikkaa johtaa kutsutaan johtamisjärjestelmäksi. Se tuo yhteen yhdessä sovitun myynnin toimintatavan (systematiikan) ja kannustavan myynnin johtamisen.

Muutoksen yhteydessä puhutaan usein muutoksen oivalluttamisesta tiimin jäsenille. Itse en usko pelkästään oivalluksen voimaan muutoksen läpiviennissä. Ihmiset oivaltavat eri asioita eri aikaan ja eri tavoin. Siksi on oleellista viedä uusi ja haluttu tekeminen johtamisjärjestelmään niin että haluttua tekemistä seurataan systemaattisesti viikottain ja kuukausittain.

Jos haluttu muutos on saada myyjät tapaamaan aktiivisesti asiakkaitaan, tulee asiakastapaamiset (ja niiden seuranta) viedä johtamisjärjestelmän keskiöön. Tällöin seurataan viikottain tapaamisten lukumääriä ja laatua; ketä tavataan, milloin ja millä viestillä. Kuukausikokouksissa katsotaan tapaamisten tuloksia.

Asiakastapaamiset nostetaan ykkösaiheeksi vuorovaikutuksessa myyjien kanssa ja yrityksen rutiineissa ykköseksi. Johto myös antaa myynnille toimivat työkalut tapaamisten seuraamiseen niin määrällisesti kuin laadullisestikin.

Tärkeää on nostaa haluttu tekeminen ja sen seuranta päivittäiseen sekä viikottaiseen rytmiin. Vuosittaiset rutiinit ovat liian hitaita. Tero J Kauppinen totesi osuvasti, että jos joku vuosittainen rutiini toimii, tee sitä useammin. Jos se ei toimi, lopeta se.[17]

	Päivittäin (=ole läsnä, älä ylijohda)	Viikottain (=aktiivisuus, ammattimai- suus, asiakaskesk ei-syys)	Kuukausittai n (=tuloksellis uus)	Vuosieljän- neksittäin
Seuraa	• Oma intuitio • Käytävä- ja kahvitauko- puhe	• "Mikä aktiivinen ja laadullinen tekeminen vie meitä kohti tavoitetta" • Fiilis, palaute	• Päätavoittee n saavuttamis ta mittaava **yksi** päämittari ja max 2-3 apumittaria	• Asiakkaiden hoitosuunnit el-mien toteutuminen • Segmentointi • Myyjien kyky kehittää asiakkaiden liiketoimintaa
Agenda esim	• "Terve Kalevi, miten menee • Kuuntele ja keskustele ihmisten kanssa"	• Toteutuuko sovittu tekeminen • Mikä on ilmapiiri	• Valitun päämittarin arvo • Tuoko sovittu tekeminen tuloksia • Keskustelua • Ongelman ratkaisua	• Koulutusta • Valmennusta • Asiakkaiden hoitosuunnit elmat • Tulosten juurisyyn selvittämistä • Yhdessäoloa

[17] Tero J Kauppinen; HS 6.8.2017

Tulos syntyy vuorovaikutuksesta asiakkaan kanssa

Myyjän kyky vaikuttaa asiakkaaseen perustuvat myyjän omaan tietoon, taitoon ja tahtoon. Se millaisen asiakaskokemuksen hän asiakkailleen tuo, perustuvat myyjän omaan aktiivisuuteen, asiakaskeskeisyyteen ja ammattimaisuuteen. Edellämainitut sanat ovat adjektiiveja ja kuvaavat *millaista* vuorovaikutuksen asiakkaiden kanssa on oltava.

Aktiivisuus
- Kuinka paljon asiakasta kontaktoidaan ja tavataan
- Kuinka paljon tarjouksia tehdään
- Kuinka paljon asiakkaiden kanssa vietetään aikaa
- Aktiivisuus vastaa kysymykseen "kuinka paljon työtä tehdään"

Asiakaskeskeisyys
- Mitä asiakkaita tavataan
- Mitä toimialoja priorisoidaan
- Mihin asiakkaisiin ja ihmisiin yrityksen tekeminen kohdistuu
- Asiakaskeskeisyys vastaa kysymykseen: "Mihin tekeminen kohdistuu"

Ammattimaisuus
- Miten yritys myy asiakkailleen
- Miten asiakkaita hoidetaan ja kehitetään
- Millaista yleinen vuorovaikutus asiakkaiden kanssa on
- Ammattimaisuus vastaa kysymykseen: "Miten työtä tehdään"

Alussa kysyimme miksi jotkut myyjät myyvät enemmän kuin toiset tai miksi jotkut tiimit pääsevät useammin tavoitteisiinsa kuin toiset tiimit.

Myynnin tulos ei ole vuorovaikutuksen osatekijöiden (aktiivisuus, asiakaskeskeisyys, ammattimaisuus) *summa*, vaan niiden *tulo*:

Aktiivisuus x asiakaskeskeisyys x ammattimaisuus = tulos

Asian havainnollistamiseen käytämme yksinkertaista supertuottavuuden kaavaa. Ajattele yrityksen perusmyyjää Mattia. Matti toimii aktiivisuudessa, asiakaskeskeisyydessä ja ammattimaisuudessa perustasolla 1.0.

Matti: 1.0 x 1.0 x 1.0 = 1.0

Matin tulos on siis 1.0 ja tätä indeksiä käytämme jatkossa.

Yrityksessä toimii myös myyjä Satu. Hän on hieman aktiivisempi kuin Matti. Matin tavatessa 10 asiakasta kuukaudessa, Satu tapaa 12 asiakasta kuukaudessa, muun tekemisen Satu suorittaa Matin tasolla.

Satu: 1.2 x 1.0 x 1.0 = 1.2

Sadun tulos on siis 20% parempi kuin Matilla.

Samaan aikaan Sadun kanssa aloitti yrityksen myynnissä myös Erkki. Erkillä on sama koulutus, ikä ja osaaminen kuin Sadulla, mutta Erkki ottaa hieman rennommin kuin

Satu. Hän tapaa 8 asiakasta kuukaudessa. Hänen aktiivisuutensa on siis 80% perusmyyjän aktiivisuudesta.

Erkki: 0.8 x 1.0 x 1.0 = 0.8

Näin Erkin tuloksetkin ovat 20% perusmyyjää Mattia huonommat.

Yrityksen supermyyjä Jari panostaa kaikkiin osa-alueisiin hieman enemmän kuin perusmyyjä Matti.

Jari: 1.1 x 1.1 x 1.1 = 1.33

Jari on tiimin huippumyyjä ja myy keskimäärin 33% enemmän kuin perusmyyjä Matti. Jari kuulee usein hyvän myyntinsä johtuvan hänen asiakkaistaan. Usein kuultu kommentti: "kyllähän minäkin, jos mulla olis Jarin asiakkaat", on tuttu kaikille myynnissä.

Jarin kanssa lähes samaan tulokseen pääsee toinen huippumyyjä Kalevi. Hän ei hätäile, mutta hänen ammattitaitonsa on Suomen parhaalla tasolla.

Kalevi: 1.0 x 1.0 x 1.3 = 1.3

Kalevi käyttää perusmyyjää enemmän aikaa tekemisen suunnitteluun, asiakkaiden tavoitteiden selvittämiseen ja tarjousten laatimiseen.

Kaava antaa syvyyttä ymmärtää myyjien eroja tuloksellisuudessa. Tiimien väliset erot selittyvät tiimiren eroilla systemaattisuudessa, kannustavalla johtamisella ja ymmärrettävällä johtamisjärjestelmällä.

Hyvä myynnin johtaja luonnollisesti suhtautuu objektiivisesti kaikkiin myyjiinsä. Hän tunnistaa myyjien nykytason, kehitysalueet, vahvuudet ja osaa kehittää myyjien tietoa ja taitoa oikeaan suuntaan. Hän osaa tuoda tiimiin henkilöitä, jotka tahtovat olla myyntiyksikössä ja tuottaa asiakkaille positiivisia asiakaskokemuksia.

On aivan oleellista ymmärtää että tuloksellisuus ja omistaja-arvon kasvu on tekemisen seurausta: *"Omistajien tyytyväisyys ja omistaja-arvo ovat seuraus siitä, että asiakkaat on hoidettu hyvin ja henkilöstö pystyy hoitamaan asiakkaat paremmin kuin kilpailijat"*[18]

---

[18] Tero J Kauppinen; HS 6.8.2017

Lopuksi - ole itsellesi armollinen

"Nopeasti ei saa kuin nakkikioskilla turpaansa"

Hyvä myyntijohtaja luo ja tukee aktiivista, asiakaskeskeistä ja ammattimaista tekemistä luomalla tolkullisen systematiikan ja ohjaamalla myyjät noudattamaan sitä.

Sovitun systematiikan kanssa tulee kuitenkin olla varovainen; se on ennemminkin renki kuin isäntä. Usein tuloksekkaampaa on tehdä oikeita asioita vielä hieman puutteellisella laadulla kuin vääriä asioita täydellisellä laadulla. Tekemiseen tulee jättää väljyyttä kokeiluille, uusille ideoille ja luovuudelle.

Esimies voi aina *vaatia* tuloksia. Usein myös vaaditut tulokset saavutetaan. Esimies voi myös *odottaa* oikeaa tekemistä ja kannustaa sekä innostaa ihmisiä työssään. Näin usein saadaan odotuksia ylittäviä tuloksia.

Yrityksellä on hyvät edellytykset menestyä kun yrityksen johto luo ymmärrettävän strategian, joka tunnistaa yrityksen aidot kilpailuetutekijät, tekee niistä oikeita valintoja ja ohjaa yrityksen alueelle jossa sillä on aitoa kilpailuetua muihin toimijoihin nähden.

Kun johto ymmärtää vielä nimetä osaavan myynnin johdon, luottaa, tukee ja kannustaa sitä, on onnistuminen todennäköisempää kuin epäonnistuminen.

Matka on pitkä ja siksi muutokselle tulee antaa riittävästi aikaa. Suuren muutoksen läpimenoaika lasketaan vuosissa, ei viikoissa. Yhtä tärkeää on huomata että muutos ei ole on/off-asia, joka eräänä päivänä vain on toteutunut. Muutos etenee usein koko ajan, kuin huomaamatta, mutta aika ajoin suuremmille harppauksilla.

Tekeminen kehittyy joka päivä kohti haluttua, kun vain myynnin johto omaa *ahdistumatonta sitkeyttä* [19] toteuttaa luomaansa johtamisjärjestelmään ja aika ajoin uskaltaa kriittisesti tarkastella itseään ja luomustaan, eikä siten rakastu liikaa omiin ajatuksiinsa.

Moderni esimies on esimerkillinen toimija, koska hänen oma esimerkki rakentaa tehokkaasti myynnin kulttuuria yrityksessä. Myyntijohtaja pitääkin itsensä fyysisesti ja henkisesti hyvässä kunnossa. Kuten todettu matka huippumyyntitiimiksi on maraton eikä 100 metrin pyrähdys. Hyvä johtaja on sekä itselleen että tiimilleen armollinen.

Jim Collins totesi kirjassaan Hyvästä Paras, että menestys syntyy lopulta monen pienen osatekijän vaikutuksesta. Ei ole olemassa yhtä tai kahta asiaa, joiden kuntoon paneminen saa ratkaisevan käänteen, vaan menestyksen vauhtipyörän liikkeelle saaminen edellyttää monien pieniltäkin tuntuvien asioiden loksahtamista kohdalleen.

Kun vauhtipyörä lopulta lähtee pyörimään kovan uurastuksen ja puskemisen seurauksena, pysyy liike yllä alkuponnistusta kevyemmällä voimalla. Matti Alahuhta, yksi menestyksekkäimmistä yritysjohtajistamme, kertoo kirjassaan pitäneen kesälomat useimmiten ajallaan eikä työskennellyt pääsäännön mukaan viikonloppuisin.

---

[19] Pekka Järvinen (2015)

Kiitokset ja lähteitä

Tämän kirjan kirjoittaminen on ollut pitkäaikainen unelmani. Kirjan sisältöön on vaikuttanut lukuisat luetut kirjat, käydyt esimies- ja myyntivalmennukset.

Lähteinä ja innoittajina mm:
- Jim Collins: Hyvästä Paras
- John Kotter: Leading the change
- Ken Blanchard and Spencer Johnson: The One Minute Manager
- Stephen R Covey: The 7 habits of highly effective people
- The Challenger sale: Taking control of the customer conversations
- Mercuri International: Myynnin viitekehys
- Arto Pietikäinen: Joustava mieli

Sisältöön on vaikuttanut lukuisat keskustelut alan osaajien kanssa. Kiitän mm seuraavia henkilöitä: Leena Leskinen, Jukka Rantala, Jukka Viljanen, Pekka Järvinen ja Antti Aho. Erityisen paljon sisältöön on vaikuttanut Caius Grann. Heille kaikille suuri kiitos.

Omia muistiinpanojasi